AF543053

उसी के नाम

आलोक यादव

उत्तर प्रदेश के क़ायमगंज, ज़िला फ़र्रूख़ाबाद में जन्मे **आलोक यादव** 30 जुलाई, 2016 को अपने जीवन के पचासवें वर्ष में पदार्पण करेंगें। **'उसी के नाम'** उनका प्रथम ग़ज़ल संग्रह है।

भारत सरकार के कर्मचारी भविष्य निधि संगठन में क्षेत्रीय भविष्य निधि आयुक्त के पद पर आसीन आलोक यादव वर्ष 2014 में 'इण्टरनेशनल इण्टेलेक्चुअल पीस एकेडमी' द्वारा डॉ. इक़बाल उर्दू एवार्ड एवं 'डॉ. आसिफ़ बरेलवी अवार्ड' से नवाज़े गए हैं। वर्ष 2015 में 'दुष्यंत कुमार सम्मान' मिला एवं 2016 विक्रमशिला हिन्दी विद्यापीठ, भागलपुर द्वारा 'विद्या वाचस्पति' की मानद उपाधि दी गई।

सरिता, गृहशोभा, सखी, अहा! ज़िंदगी, कादम्बिनी, आधारशिला, उत्तर प्रदेश, नया दौर (उर्दू) आदि पत्रिकाओं तथा दैनिक जागरण, अमर उजाला, इंकलाब (उर्दू), सहारा (उर्दू) आदि समाचार पत्रों में सतत् प्रकाशन।

आकाशवाणी तथा दूरदर्शन के विभिन्न केन्द्रों से ग़ज़लों का प्रसारण।

प्रतिष्ठित उर्दू व हिन्दी साहित्यिक वेबसाइट www.rekhta.org एवं www.kavitakosh.org पर भी ग़ज़लें संग्रहीत।

मोबाइल : 09412736688

ईमेल : alokyadav1@rediffmail.com

आलोक यादव

उसी के नाम

लोकभारती पेपरबैक्स

पहला पेपरबैक संस्करण : 2016

लोकभारती पेपरबैक्स : उत्कृष्ट साहित्य के लोकप्रिय संस्करण

लोकभारती प्रकाशन
पहली मंजिल, दरबारी बिल्डिंग, महात्मा गाँधी मार्ग
इलाहाबाद-211 001

वेबसाइट : www.lokbhartiprakashan.com
ईमेल : info@lokbhartiprakashan.com

शाखाएँ : 1-बी, नेताजी सुभाष मार्ग, दरियागंज नई दिल्ली-110 002
अशोक राजपथ, साइंस कॉलेज के सामने पटना-800 006 (बिहार)
36-ए, शेक्सपियर सरणी कोलकाता-700 017

ग्राफिक क्रिएशन्स प्रा. लि.
164/3/50, टैगोर टाउन
इलाहाबाद द्वारा मुद्रित

मूल्य : ₹ 120

USI KE NAAM
by Alok Yadav

ISBN : 978-93-5221-128-9

अपने माता–पिता,

पत्नी साधना

एवं

अपने बाग़ की नन्हीं कलियाँ

अनुभूति एवं अक्षरा

को

अनुक्रम

याद व एहसास का आलोक–महोत्सव और आँसू की जीवनी

कविता एक ओर कवि के व्यक्तिगत जीवन और उसकी व्यक्तिगत सोच की शाब्दिक झंकृति है तो दूसरी ओर उसके सामाजिक संस्कारों और अपने परिवेश के विविध-आयामी चित्रों का शब्द–रेखांकन है। किसी भी कृतिकार की जब कोई कृति सामने आती है तो उस कृति का मूल्यांकन मुख्यतः इन दो बिन्दुओं पर ही हुआ करता है। इन्हीं बिन्दुओं के आधार पर कवि की कविता के स्तर की नाप–जोख की जाती है। कवि के व्यक्तिगत जीवन के सागर–मंथन से प्राप्त जो जीवनानुभव होते हैं उन्हें ही वह शब्द–पुष्पों का रूप देकर एक लय के धागे में पिरोकर दूसरों का कंठहार बनाता है। अनुभव यूँ तो व्यक्तिगत होते हैं किन्तु वे बिना दुनिया के संसर्ग के प्राप्त नहीं हो पाते। अनुभव दुनिया के द्वारा दिये गए हर्ष और विषाद के अवदानों का ही प्रतिफल होते हैं। कवि के पास अपना मूड होता है, अपनी भाषा होती है, अपने अनुभवों को व्यक्त करने के लिए कोई एक विधा होती है। एक लय होती है, एक स्वर होता है। अनुभवों को एक विशिष्ट विधा के फ़लक पर उतारकर वह संसार के सामने लाता है और इस प्रक्रिया में वह उन रसमय और आनन्दानुभूति के क्षणों का भोक्ता बनता है जो नितांत उसके ही होते हैं। यह रस, यह आनन्द जब उसकी कविता के द्वारा दूसरों के हृदय तक भी पहुँच जाता है तो कवि–कर्म की सार्थकता नज़र आती है।

ये सारी बातें मैं आलोक यादव की कविता में जो याद व एहसास का आलोक है और यह वह आलोक जो हमें एक उत्सव–धर्मी महोत्सव के लोक तक पहुंचाने की क्षमता रखता है, उसकी प्रतीति कर के ही कह रहा हूँ। उनकी ग़ज़लों से गुज़रते हुए मैं कई पड़ावों पर ठहरा। कभी उनके अनुभव और चिंतन के पड़ाव पर, कभी उनकी कहन के पड़ाव पर, कभी भाषा के पड़ाव पर और कभी उनकी ग़ज़लों की बहरों के पड़ाव पर। मुझे वे सभी पड़ावों पर संतुलित और दिशानिर्देशक लगे। उनकी ग़ज़लों की एक-एक पंक्ति उनके ग़ज़ल–गाँव की हर गली के नुक्कड़ पर एक दिशा–निर्देशक तीर का निशान है जो किसी के दिल पर जाकर नहीं लगता, किसी भी दिल को दुखाता नहीं वरन् वह यह बताता है कि हमें इस गाँव की गलियों में कहाँ–कहाँ जाना है और कहाँ क्या–क्या है। वह भटकाता नहीं वरन लक्ष्य तक पहुँचाने में सहायक होता है। अपने मंतव्य को रेखांकित करता हुआ दिखाई देता है।

प्रेम की गहन अनुभूतियों के पड़ाव पर आलोक की ग़ज़लें प्रेम के अनेक सकारात्मक और नकारात्मक रूप दिखाती हैं। प्रेम एक ऐसी अनुभूति है जिससे कभी-न-कभी हर कोई गुज़रा है। प्रेम चुपके से आवाज़ देता है और अपनी तरफ़ खींच लेता है और यह रहस्यमयी आवाज़ जादू-सा चला जाती है। तब कवि यह कहने लगता है–'हमें दी ये किसने सदा धीरे-धीरे/ जवाँ हो रही है फ़ज़ा धीरे-धीरे /चले आओ जाने-अदा धीरे-धीरे/ ज़रा धीरे-धीरे/ ज़रा धीरे-धीरे।' कभी-कभी पूर्वस्मृतियाँ भी प्यार की किताब के नए वरक़ की तरह खुलती हैं। और जिनकी ख़ुशबू दिल के दरवाज़े पर दस्तक देने लगती है। और तब कवि कह उठता है– 'खुला है ज़ीस्त का इक ख़ुशनुमा वरक़ फिर से/ हवाए शौक़ ने की है यहाँ पे दक़ फिर से।'...प्रेम का सबसे बड़ा प्रथम आधार प्रिय का सौंदर्य है। कवि को अपना प्रिय संसार में सबसे सुन्दर लगता है। उसके सामने चन्द्रमा का भी रंग फीका पड़ गया है। कवि कहता है–'न निकलो चाँदनी रातों में कितनी बार कहा/ हुआ है चाँद के चेहरे का रंग फ़क़ फिर से।'... इसी शेर के साथ एक और बहुत अच्छा शेर हो गया है। शेर यूँ है–'किसी से रूठ गए या किसी का दिल तोड़ा/जबीं पे आ गया क्यों आपकी अरक़ (पसीना) फिर से।'। आलोक ने प्रेम की पवित्रता को रेखांकित करते हुए एक बहुत सुन्दर शेर कहा है – 'चूमती रहती हैं तुझको आँखें, तू मुझको क़ुरआन सी लगती है' आँखों द्वारा चूमना स्पर्श नहीं हैं बल्कि आस्थात्मक देखना है उन्होंने प्रेम को क़ुरआन की तरह पवित्र बना दिया है। इसी प्रकार के अनेक प्यारे शेर आलोक की शायरी में जहाँ-तहाँ आसानी से मिल जाएंगे।

प्रेम में कई बार ऐसा लगता है कि हम तो किसी को प्यार कर रहे हैं मगर दूसरा शायद नहीं कर रहा है या फिर दूसरा हमारे मुक़ाबले कम कर रहा है। इसलिए उसके मन में अचानक यह बात उमड़ पड़ती है–'मेरी क़ुर्बतों की ख़ातिर यूँ ही बेक़रार होता/ जो मेरी तरह उसे भी कहीं मुझसे प्यार होता/ न वो इस तरह बदलते, न निगाह फेर लेते/ जो न बेबसी का मेरी उन्हें ऐतबार होता।'... कवि की दृष्टि में अब वे प्यार के खुशबू-भरे ख़त भी कहीं गुम हो गए हैं जो प्रेमी को महकाते रहते थे। कवि का कहना है कि–'अब कहाँ खो गईं वो सभी चिट्ठियाँ/ खुशबुओं में नहाई सजी चिट्ठियाँ।'... क्योंकि–'अब चलन में नहीं प्यार की चिट्ठियाँ/ लोग लिखते हैं बस दफ़्तरी चिट्ठियाँ।' ...सचमुच आज का आदमी अपने अपने कामों में इतना उलझा हुआ है कि उसे प्रेम करने का अवकाश ही नहीं है। अब एक दूसरे से शिकवे-शिकायत के द्वार भी पूरी तरह खुल गए हैं। ये शिकवे-शिकायत इस दर्जा आदमी को तोड़ देते हैं कि धीरे-धीरे प्रेम के बंधन भी टूटने लगते हैं। और तब प्रेम के ये पेचो ख़म कभी-कभी यह भी कहने को मजबूर कर देते हैं–'मिटाने लगा हूँ तेरी याद दिल से/ कि जाता रहेगा गिला धीरे-धीरे।'

आज प्रेम के मूल्य भी बदल गए हैं। हृदय और हृदय के बीच धड़कनों के भावपूर्ण अर्थ के बजाय अब दूसरा 'अर्थ' आ गया है जिसे पैसा कहते हैं। जहाँ पैसा

है वहाँ व्यापारिकता तो आ ही जायेगी। वहाँ लाभ–हानि का प्रसंग तो चलेगा ही। रीतिकाल के प्रेम के प्रसिद्ध कवि घनानन्द की ये पंक्तियाँ अब उदास बैठी हैं जिन्होंने प्रेम के सम्बन्ध में यह घोषणा की थी–'अति सूधो सनेह को मारग है जहाँ नेकु सयानप बाँक नहीं।'...और अब तो प्रेम में सयानापन अर्थात् चालाकी और टेढ़ापन अर्थात टेढ़ी चाल दोनों ही आ गए हैं। प्रेम के सीधे–सादे रास्ते को भी छल–छंदों से भर दिया गया है। फिर प्रेम के अटूट विश्वास की बात कौन करे। अब वफ़ा को जफ़ा में बदलने में देर नहीं लगती। वफ़ा जो काँच की चूड़ियों की तरह खनखनाती रही थी, गीत गाती रही थी, कसमसाती, लजाती और मुस्कराती रही थी वह कब कहाँ चटक जाए कुछ पता नहीं। आज की दुनिया का यह सत्य भी क़दम–क़दम पर प्रकट होता दिखाई देता है। इसीलिए कवि आलोक अपने एक शेर में यह बात कह भी देते हैं–'मुहब्बत है तिजारत तो फिर आलोक जी/ वफ़ा कुछ भी नहीं, और जफ़ा कुछ भी नहीं।'...

रिश्ता चाहे व्यक्तिगत प्रेम का हो या कोई और सभी रिश्तों को निभाना आसान काम नहीं है। क्या–क्या नहीं करना पड़ता इन रिश्तों को निभाने के लिए। ज़ख़्म देने वाले को पता भी न चले कि हम उससे नाराज़ हैं इसीलिए कवि आलोक कहते हैं–'हमने होठों पे तबस्सुम को सजाये रक्खा/ दिल का हर ज़ख़्म इसी तरह छुपाये रक्खा/ बे–ख़ता हो के भी माँगी है मुआफ़ी हमने/अपने रिश्तों को इसी तरह बचाए रक्खा।' आलोक यादव इस बात से भी भलीभाँति परिचित हैं कि जब प्रेम पावनता के परवान चढ़ता है तो वह भक्ति और दर्शन के क्षेत्र में प्रवेश करने लगता है। वह पूजा बन जाता है। वह इबादत का रूप लेने लगता है। साधारण इश्क़ 'इश्क़मजाज़ी' से 'इश्क़ हक़ीक़ी' का रूप धारण करने लगता है। आलोक ने भी प्रेम को उस उच्च आसन तक पहुँचाने का प्रयास किया है और तब ही वह यह कह सके हैं–'आपसे हर ख़ुशी हो गई/ सर झुका बंदगी हो गई।' और यह बंदगी भी साधारण बंदगी नहीं वरन 'साहब–बंदगी' हो गई...। हम सभी जानते हैं कि कबीरपंथी लोग आपस में जब प्रणाम की प्रक्रिया को पूर्णता प्रदान करते हैं तो आपस में 'साहब बंदगी' शब्दों का इस्तेमाल करते हैं। जो हमारे भावों को परमात्मा की ओर ले जाने की प्रक्रिया जैसे होते हैं। कवि आलोक इसी भाव को व्यक्त करते हुए कहते हैं–'मेरी ग़ज़लों में साहब हो तुम/ शायरी बंदगी हो गई।'... यही नहीं इस प्रेम को प्रिय की कृपा के साथ साथ परमात्मा की कृपा से भी जोड़कर देखा गया है। कवि कहता है–'हर एक शय उधर मोतबर हो गई / तुम्हारी इनायत जिधर हो गई।'

कवि आलोक ने जहाँ 'ग़मे–जानाँ' को अपनी ग़ज़लों का विषय बनाया है वहीं दूसरों के ग़म की ओर भी ध्यान दिया है। उन्हें दूसरों का ग़म भी अपने ग़म की तरह ही लगा है। वे कहते हैं–'दर्द ग़ैरों का भी अपना–सा लगा है लोगो/ मुझको ये वस्फ़ मेरी माँ से मिला है लोगो।'... सच ही है व्यक्ति को सबसे अधिक संस्कार अपनी माँ से ही मिलते हैं। तब ही तो संसार के सारे कवियों ने माँ की महिमा का गुणगान किसी–न–

किसी तरह अवश्य किया है। आज परिवार में कुछ ऐसी दूरी बढ़ती चली जा रही है कि माँ–बेटों में आपसी संवाद का भी अवसर नहीं मिलता। नई संस्कृति ने एक ही घर में एक ही परिवार के सदस्यों के अलग–अलग कमरे कर दिये। छोटे बालक भी अब माँ की गोदी से दूर होते चले जा रहे हैं। ऐसे समय में अपनी भारतीय परिवार वाली संस्कृति को कवि ने सच्चे मन से रेखांकित किया है। इतना ही नहीं, कवि ने पिता के महत्त्व को भी बड़ी ही गहरी भाव–लकीर से रेखांकित किया है। वे कहते हैं–'माँ ज़मीं है अगर, आसमाँ है पिता/ घर की दीवार माँ, सायबाँ है पिता।/ उसने खून–और–पसीने से सींचा हमें/ बाग़ के फूल हम बाग़बाँ है पिता।'... यही नहीं जब आज लड़कियों की भ्रूण हत्यौठ हो रहीं हैं तब बहुत ही भावुक होकर आलोक बेटियों के महत्त्व को इन शब्दों में रेखांकित करते हैं–'घर में बेटी जो जनम ले तो ग़ज़ल होती है/ दाई बाहों में जो रख दे तो ग़ज़ल होती है/ नन्हे हाथों से पकडती है वो उँगली मेरी/ साथ मेरे जो चल दे तो ग़ज़ल होती है। मगर अब समय बदल गया है। बच्चे ज़्यादा पैसा कमाने के उद्देश्य से परदेस चले जाते हैं और तब बूढ़े माँ–बाप की आँखों में आँसू का दरिया छोड़ जाते हैं। आलोक को यह दशा बहुत परेशान करती मालूम होती है। वे बड़े ही भरे हुए कंठ से यह कहते हैं–'घर छोड़ जवाँ बच्चे परदेस गये जब से/ रहते हैं बुज़ुर्गों की आँखों में जवाँ आँसू।'

कवि आलोक की नज़र आज की राजनीतिक स्थितियों पर भी पड़ी है। माना कि इस राजनीतिक नगर का उन्होंने अपनी ग़ज़लों में सिंहावलोकन नहीं किया है केवल विहंगावलोकन ही किया है किन्तु अपनी गहरी दृष्टि के कारण सटीक व्यंग्य–बाण चलाने में वे पूरी तरह सफ़ल हुए हैं। बड़े ही अलग और मज़ेदार लहजे में वे राजनीतिक विद्रूपताओं पर प्रहार करते हैं और कहते हैं–'हैं बदली हवाएँ, इलेक्शन है क्या है/ अजब हैं फ़ज़ाएँ, इलेक्शन है क्या है।'... अब इन अजब फ़ज़ाओं का नज़ारा भी देखिये। कहीं नुक्कड़ों पर नौटंकी जारी है, कहीं नारेबाज़ी हो रही है/ कहीं धर्म की दुकानें सजने लगी हैं, कहीं गिरगिट अपने रंग बदलने लगे हैं, और कहीं साँपों के घर नेवले पधारने लगे हैं। मतलब के लिए सब–कुछ उलट–पुलट हो रहा है। इस तरह भारतीय लोकतन्त्र को जिस आलोक में कवि ने देखा है वह बड़ा कटाक्षपूर्ण है। यहाँ कवि आलोक की कहन में एक प्रखर व्यंग्यकार के दर्शन होते हैं। कवि आलोक ने इस बात को अच्छी तरह पहचान लिया है कि भारत में किसी चीज़ की कमी नहीं है, कमी है तो व्यवस्था की कमी है, कमी है तो केवल सिस्टम के ठीक न होने की। इस वर्तमान सिस्टम के कारण ही आज नौकरियाँ या तो सिफारिश से मिलती हैं या रिश्वत से, आज डिग्रियाँ बिक रही हैं। फूल–से बच्चे बड़े–बड़े बोझ वाले बस्तों को अपने नाज़ुक कन्धों पर ढो रहे हैं। आलोक ने ये सारी बातें निर्भीक होकर कही हैं। उन्होंने अपनी शायरी से यह सिद्ध कर दिया है कि कवि अपने युग का दर्पण होता है और पूरे साहस के साथ बड़ी–बड़ी हस्तियों को ललकारने से भी नहीं चूकता। उसकी क़लम ही उसकी सबसे बड़ी ताक़त होती है। आलोक ने इस बात को बड़ी ख़ूबसूरती के साथ कहा है–'मेरे

लब सी दिये उसने, क़लम है फिर भी हाथों में/ ये हाकिम से कहो जाकर, तेरी बंदिश अधूरी है।'

कवि का ध्यान जब पूरे समाज पर गया तो उसने पाया कि सभी लोग सभ्यता के नाम पर मुखौटे लगाए घूम रहे हैं। आज हर आदमी ऐसे वीभत्स वातावरण में यह ही कहता दिखाई दे रहा है–'पढ़ रहा हूँ वेदना का व्याकरण मैं।/ हूँ समर में आज भी हर एक क्षण मैं।' आज के समाज में जो व्यभिचार और बलात्कार आदि की घटनाएँ रोज़-रोज़ घटित हो रही हैं उनको रोकने का साहस समाज के व्यक्तियों में समाप्त हो चुका है एक अजब-सी भीरुता, एक अजीब-सा डर लोगों के मन में घर कर गया है। इस स्थिति पर स्वयं पर ही कटाक्ष करते हुए कवि आलोक ने बहुत ही वेदनापूर्ण शेर कहा है–'क्या जटायू से भी हूँ 'आलोक' निर्बल/ देखता हूँ मौन रह, सीताहरण मैं।' असल में इन सभी शेरों की व्यंजना यह ही है कि अब हमें कमर कसकर खड़े हो जाना है इन सारे व्यभिचारों को रोकने के लिए।

कवि आलोक की 'कहन' के बिंदु पर जब हम आते हैं तो यही पाते हैं कि अनेक स्थलों पर उनकी कहन एकदम निराली है। उनकी शायरी का यह नयापन पाठकों और श्रोताओं दोनों को ही आकर्षित करता है। आँसू रदीफ़ को लेकर उन्होंने एक बहुत ही शानदार ग़ज़ल कही है। हर शेर में कहन का एक नयापन दिखाई देता है। एक शेर में कहन का यह नयापन देखें–'कब आँख में रहना है, कब छुपना है, कब बहना/ जाने हैं ज़माने के आदाब कहाँ आँसू।' इसी ग़ज़ल का मतला देखें–'हैं दिल की कहानी का बेबाक बयाँ आंसू/कह लेते हैं सब कुछ ये आज़ाद ज़ुबाँ आँसू।'... ऐसे-ऐसे अनेक शेर इस संग्रह में देखने को मिल जाएंगे। यह नई 'कहन' आलोक की ग़ज़लों में कहीं-कहीं हमारे पौराणिक सन्दर्भों को एक नया ज़ाविया देकर गढ़ी गई है। इस दृष्टि से इस ग़ज़ल-संग्रह का एक महत्त्वपूर्ण शेर उद्धृत करना चाहूँगा–

अब न रावण की कृपा का भार ढोना चाहता हूँ
आ भी जाओ राम मैं मारीच होना चाहता हूँ।

ग़ज़ल में शेर की यह कहन कोई साधारण कहन नहीं है। यह कहन वो है जो किसी भी शायर की पहचान बनाने के लिए काफ़ी है। यहाँ आलोक बिल्कुल नए हैं। नई अदा और नए तसव्वुर के साथ। यही वे प्रतीक हैं जिन्हें हिन्दी ग़ज़ल का अवदान माना जा रहा है। जिनके माध्यम से ग़ज़ल को एक नई चमक प्रदान की जा रही है। मारीच होने की चाह में कितने गहन अर्थ हैं। आज की रावणी व्यवस्था पर ऐसा करारा व्यंग्य कहाँ देखने को मिलेगा। कैसा विवश हर्ष इसमें विद्यमान है। मुझे विश्वास है कि आलोक की पहचान, माना कि अन्य शेरों से भी बनेगी, किन्तु सबसे ज्यादा इस शेर से ही उनकी पहचान रेखांकित होगी।

आलोक जी भाषा के जिस पड़ाव पर दीखते हैं वह पड़ाव ऐसा है जिसमें भाषा का कोई विवाद नहीं उठता। वे भाषा में एकदम सहज हैं। जिस भी भाषा का शब्द सहज

होकर उनकी शायरी में आ गया उसे निःसंकोच आने दिया। इसी कारण उनकी शायरी में 'इलेक्शन' जैसे अंग्रेजी के शब्द आ गए हैं। एक शेर में 'सिस्टम' शब्द का बड़ा ही सटीक प्रयोग किया गया है। देखें–'ऐसे सिस्टम की अहमियत क्या है/ इसमें इंसाँ की हैसियत क्या है।'... इसी प्रकार आलोक जी ने उर्दू शब्दों का भी धड़ल्ले से प्रयोग किया है। कई स्थान तो ऐसे आये हैं जहाँ शब्दों के अर्थ डिक्शनरी में देखने पड़ें। किन्तु आलोक जी ने ऐसी ग़ज़ल के साथ ही उर्दू के कठिन शब्दों के अर्थ देकर यह रास्ता आसान कर दिया है। उनकी ग़ज़लों में उर्दू के शब्द–प्रयोग देखकर यदि कोई चाहे तो उन्हें उर्दू ग़ज़ल का ग़ज़लकार सहजता से मान सकता है। वैसे वे हिन्दी के ग़ज़लकार हैं ही। एक बात मैं यहाँ ज़ोर देकर कहना चाहता हूँ कि हिन्दी के क्षेत्र में ग़ज़ल विधा के आने के बाद हिन्दू और मुस्लिमों में भाषागत समन्वय और सांस्कृतिक समन्वय के वे रंग देखने को मिले जिनको लाने में एक प्रकार से राजनीतिक प्रयास भी उतने सफल नहीं हो सके। आज एक ही मंच पर हिंदी के कवि और उर्दू के शायर बैठकर अपनी कविता और कलाम पेश करते हैं और एक–दूसरे को पाकर और एक–दूसरे से मिलकर गौरवान्वित होते हैं। दोनों ही एक–दूसरे की भाषा को सीखने की होड़ में हैं। आलोक की शायरी भी इसी प्रकार की शायरी है। एक ग़ज़ल तो ऐसी है जिसमें सारे क़ाफ़िये ही उर्दू भाषा के हैं, जैसे–'वरक़, दक़, हक़, अरक़, क़लक़, अदक़, रमक़ आदि।

ग़ज़ल अपने कथ्य में चाहे कितनी ही नवीन क्यों न हो किन्तु अगर बहर में अर्थात छंद में ठीक नहीं है तो उसका महत्त्व बिल्कुल जाता रहता है। आश्चर्य की बात यह है कि पेशे से क्षेत्रीय भविष्य निधि आयुक्त होने पर भी आलोक यादव जी ने ग़ज़ल की बहर को ठीक से साध लिया है। उनकी ग़ज़लें बहर में हैं।

अन्त में मुझे यह बात कहते हुए अत्यंत हर्ष का अनुभव हो रहा है कि आलोक यादव यद्यपि ग़ज़ल के क्षेत्र में अभी नए हैं किन्तु अपनी प्रौढ़ शायरी के कारण यह 'नया' विशेषण उनके नाम के स्थान पर उनकी शायरी के साथ लगाना अधिक रुचिकर और उचित होगा क्योंकि आलोक की शायरी कई मायनों में 'नई' कहलाने की अधिकारिणी है। भाषा की दृष्टि से, अपनी कहन की दृष्टि से, अपने कथ्य और शिल्प की दृष्टि से भी। आलोक जी को भी अपनी मेहनत पर पूरा भरोसा है। यह भरोसा हमें भी है। वे पूरे आत्मविश्वास के साथ यह बात कहते भी हैं–

है 'आलोक' हमको भरोसा हमीं पर
निखरती है सबकी कला धीरे–धीरे

डॉ. कुँवर बेचैन

2 एफ – 51, नेहरू नगर
ग़ाज़ियाबाद

क़बिले तारीफ़ भी और उम्मीद अफ़ज़ा भी

ग़ज़ल, शब्द-साधना की डोर पर उड़ने वाली फ़िक्रो ख़्याल की ऐसी पतंग है जो ज़मीन से आसमान छूने का सलीक़ा भी रखती है और हौसला भी। ग़ज़ल का सफ़र आसान नहीं मगर इस मुश्किल को आसान करने की कोशिश में व्यस्त क़लमकारों की भी कमी नहीं। अजीब विधा है शायरी की, ग़ज़ल पहले शिद्दत से आकर्षित करती है अपनी तरफ फिर लफ़्ज़-लफ़्ज़ नख़रों की आज़माईश से गुज़रने पर विवश करती है। दो मिसरों में हयातो-कायनात समेट लेने की हैसियत रखने वाली इस सिन्फ़े सुख़न में कोई बात तो है जो यह कल भी मीरे-करवाने-सुख़न थी, आज भी है और शायद कल भी रहेगी। ग़ज़लगो होना बड़ी बात नहीं, बड़ी बात है ग़ज़ल स्वभाव होना और यह कोई तकनीकी अमल नहीं, एक वारदाती सआदत है जो किसी-किसी क़ल्ब का मुक़द्दर होती है। इन दिनों कसरत से ग़ज़ल लिखी और कही जा रही है। कही और लिखी जा रही में जो वाज़ेह फ़र्क़ है वह अहले नज़र जानते हैं। ग़ज़लकारों की सूची में अनगिनत नाम जुड़ते जा रहे हैं। नए-नए कहने और लिखने वाले सामने आ रहे हैं मगर इनमे कुछ ही ऐसे हैं जिनके भविष्य से उम्मीदें वाबस्ता की जा सकतीं हैं। ऐसे ही उभरते ग़ज़लकारों में एक नाम आलोक यादव का भी है जो तहज़ीबे ग़ज़ल के रवैय्यों से जुड़कर ग़ज़ल के नोक पलक सँवारने और ग़ज़ल की ज़मीन पर एत्माद से क़दम रखने की कोशिश में सरगर्दां हैं। हिंदी शेरयात की आग़ोश में परवरिश पाकर भी वह जिस तरह उर्दू ग़ज़ल के पारम्परिक लबो-लहजे की एहतियातों से हमआहंग होने का प्रयास करते हैं, क़ाबिले तारीफ़ भी है और उम्मीद अफ़्ज़ा भी। ज़ुबानो-बयान पर क़ुदरत रियाज़त चाहती है। उनका यही जूनून रहा तो वक़्त के साथ लफ़्ज़ी और तरकीबी ना-हमवारियों पर भी क़ाबू पा लेंगे, जो अभी कहीं-कहीं उनके कलाम में दिखाई देती हैं। मगर जहाँ वह अपने एहसासात को ग़ज़ल रंग बनाने में कामयाब होते हैं तो ऐसे शेर पाठक की आँखों में चमक पैदा किये बग़ैर नहीं रहते

बहुत रोका मगर ये कब रुके हैं
ये आँसू तो मेरे तुम पर गये हैं

दिल मेरा अब कहीं नहीं लगता
और तुम कितने इम्तिहाँ लोगे

मेरे शहर से वो गुज़र गया
मुझे रहगुज़र से ख़बर मिली

आलोक यादव की शायरी में एक नहीं कई रंग हैं। जहाँ वह रूमानी वाक़िईयत को शिद्दत से पेश करते हैं वहीं पवित्र रिश्तों का हुस्ने सदाबहार भी उनकी शायरी का ज़ेवर है। जहाँ ज़िंदगी की सच्चाइयों की तस्वीरकशी है वहीं मोहब्बत की कसक के कई अनछुए ज़ाविये भी उनकी शायरी की ज़ुबान से बोलते हैं। यह अशआर देखिये और उनकी सोचों की सच्चाई की दाद दीजियेः-

गीत साजन की यादों के तन्हाई में
गुनगुनाती रहीं काँच की चूड़ियाँ

इतनी सी बात पर वो ख़फ़ा हम से हो गए
दामन छुड़ा रहे थे किसी अजनबी से हम

अब चलन में नहीं प्यार की चिट्ठियाँ
लोग लिखते हैं बस दफ़्तरी चिट्ठियाँ

उम्र को मुझपे वो हावी नहीं होने देती
जब तलक माँ है ये बचपन भी बचा है लोगो

एक बेवा के अश्कों से लिक्खी हुई
दफ़्तरों - दफ़्तरों घूमती चिट्ठियाँ

मौन के ये आवरण मुझको बचा ले जाएंगे
वरना बातों के कई मतलब निकाले जाएंगे

प्यार का दोनों पे आख़िर जुर्म साबित हो गया
ये फ़रिश्ते आज जन्नत से निकाले जाएंगे

बुलाना मुझे उसका मक़्सद नहीं
अमीरी का जल्वा दिखाना भी है

आलोक यादव के यह और ऐसे ही और बहुत से अशआर उनके उज्ज्वल भविष्य की तरफ इशारा करते हैं। मुझे विश्वास है कि उनका तख़लीक़ी सफ़र इसी इस्तक़लाल और मुस्तैदी के साथ जारी रहेगा। मेरी दुआ है कि उन्हें उनकी मेहनत का सिला मिले और वह ग़ज़ल के निगारख़ाने को अपनी शायराना सलाहियतों से ख़ूब जगमगाएंगे, एतबार पाएं।

5,जमुना प्रसाद रोड

प्रो. वसीम बरेलवी

मेरा दूसरा जन्म

क़लमकार के दो जन्म होते हैं। एक, जब वह दुनिया में पैदा होता है और दूसरा, जब उसकी पुस्तक दुनिया के सामने आती है और उसके विचारों व अभिव्यक्ति को एक शरीर मिलता है। इस अर्थ में 'उसी के नाम' मेरा दूसरा जन्म है।

अपने सम्पादन में वर्ष 2014 में प्रकाशित ग़ज़ल संग्रह 'इज़्तिराब' में मैं अपने बारे में काफी कुछ लिख चुका हूँ, लेकिन मित्रों का आग्रह है कि अपने प्रथम ग़ज़ल संग्रह में मैं अपनी पृष्ठभूमि के बारे में अवश्य पुनः विस्तार से लिखूँ। अस्तु, आरम्भ से ही प्रारम्भ करता हूँ। किसी लेखक की रचनाओं को अच्छी तरह समझने के लिए उसकी पृष्ठभूमि कभी-कभी सहायक होती है। इस कृति में 'मेरापन' कितना है यह पाठक स्वयं तय करेंगे किन्तु इतना अवश्य है कि कहीं मैं हूँ तो कहीं मेरा परिवेश और कहीं कल्पना की ऊँची उड़ान।

मेरा जन्म 30 जुलाई, 1967 को अपनी ननिहाल कायमगंज, जनपद फ़र्रूख़ाबाद में हुआ। पिता जनपद फ़र्रूख़ाबाद के मुख्यालय फ़तेहगढ़ में ही रहते हैं वहीं मेरा लालन-पालन एवं शिक्षा-दीक्षा हुई। शिक्षा अपने समय के सर्वोत्तम विद्यालयों सेण्ट पीटर्स प्रिपरेटरी स्कूल, फ़र्रूख़ाबाद एवं केन्द्रीय विद्यालय, फ़तेहगढ़ में हुई। स्कूली शिक्षा के बाद लखनऊ विश्वविद्यालय से बी. एस-सी. और इलाहाबाद विश्वविद्यालय से एम.बी.ए. किया। स्वभाव से बेहद शर्मीला और अन्तर्मुखी था मैं किन्तु पढ़ाई में बहुत अच्छा था जिसके कारण मेरे परिवार में सभी को मुझसे बड़ी उम्मीदें थीं कि एक दिन बड़ी नौकरी हासिल करूँगा। महत्त्वाकांक्षा सिविल सेवा में जाने की थी सो सदा उसी स्वप्न को लेकर जिया।

मैं कविता की तरफ कैसे आकर्षित हुआ यह अवश्य पूछा जाता है मुझसे। मैं समझता हूँ कि संवेदनशीलता और अन्तर्मुखी प्रकृति ने मुझे अपने मनोभावों को लिखने पर विवश किया। किशोरवय की कसमसाहट और छटपटाहट कविता में ही प्रस्फुटित हो सकती थीं। जहाँ तक मुझे याद पड़ता है पहली कविता नौवीं-दसवीं कक्षा में लिखी थी। यह कविता मैंने विद्यालय के एक कार्यक्रम में झेंपते-झेंपते सुनायी थी। कार्यक्रम के पश्चात् शिक्षिका श्रीमती आशा चतुर्वेदी ने मुझसे वह कविता माँगी और उसकी प्रशंसा भी की। यह मेरे हौसले को बढ़ाने जैसा था। लिखने के बाद उसकी गुणवत्ता

परखने और मार्गदर्शन पाने की इच्छा रहती थी लेकिन परिवार में तो क्या आस-पास भी कोई ऐसा न था जो मेरी जिज्ञासा शान्त कर पाता।

एक दिन अपने एक मित्र के घर गया तो उसकी माता जी ने बताया कि उनके मकान में एक कवि रहते हैं। उन्होंने मेरी मुलाकात श्री कृष्ण स्वरूप श्रीवास्तव, जो किसी सरकारी विभाग में कार्यरत थे, से करायी। मैं यदाकदा उनके पास जाने लगा और अपनी रचनाएँ दिखाने लगा। उन्होंने मेरी रचनाओं में सुधार करना प्रारम्भ किया और कुछ-कुछ सिखाया भी। शायद कहीं मेरी रचनाओं में ग़ज़ल का अंश बीज रहा होगा इसलिए उन्होंने मेरा ग़ज़ल से परिचय कराया। शे'र, क़ाफ़िया और रदीफ़ सिखाया लेकिन बहर सिखाने से पूर्व ही वे फ़तेहगढ़ से कहीं चले गये। जाते समय वे न मुझसे मिले न ही उन्होंने अपना कोई पता छोड़ा था। मेरी ग़ज़ल अधूरी रह गई।

लखनऊ में अध्ययन के दिनों में मैं आकाशवाणी से जुड़ा। उस समय मेरा रुझान कहानी लेखन की ओर हुआ और मेरी कई कहानियाँ आकाशवाणी से प्रसारित और अख़बारों में प्रकाशित हुईं। इलाहाबाद विश्वविद्यालय में रहते हुए मैं आकाशवाणी के अलावा 'माया प्रेस' की पत्रिका 'मनोरमा' से जुड़ा और उसके लिए फ़ीचर लिखने लगा। इसके अतिरिक्त उस समय की अनेक पत्र पत्रिकाओं के लिए लेख लिखने, भेजने और छपने का क्रम भी चल पड़ा। एक वक़्त तो ऐसा आया जब मुझे लगने लगा कि मैं पत्रकारिता को ही जीविकोपार्जन का साधन बना लूँ।

शिक्षा पूरी कर मैंने 1989 में कानपुर में लोहिया स्टारलिंगर में नौकरी प्रारम्भ की किन्तु लक्ष्य तब भी सिविल सेवा ही था इसलिए वहाँ ज़्यादा दिन नही रहा। 1990 से लेकर 1998 तक संघर्ष का दौर रहा नौकरियाँ बदलने और सिविल सेवा की तैयारियों ने बहुत व्यस्त रखा।

उस समय की आखिरी रचना 1993 में लिखी एक कविता 'कविता क्या लिखूँ तुम पर ....' थी, जो 'सरिता' में प्रकाशित हुई थी। 1998 में संघ लोक सेवा आयोग से सहायक भविष्य निधि आयुक्त पद पर चयन हुआ और जनवरी 1999 में इसे ज्वाइन किया। नई नौकरी और परिवार की जिम्मेदारियों ने जैसे सारी रचनाधर्मिता को कुन्द कर दिया था किन्तु संवेदनशीलता व रचनात्मकता कभी मरती नहीं है। सही समय पर खाद-पानी मिलते ही वह पुनः ऊर्ध्वगामी हो प्रस्फुटित होती है। यही मेरे साथ हुआ। वर्ष 2011-12 में जीवन में कुछ स्थायित्त्व और अनुकूल मनोभाव मिलने से लेखन कर्म पुनः आरम्भ हुआ। ग़ज़ल की बहर सीखने की ललक फिर बढ़ी और मेरी तलाश मोतबर शायर अक़ील नोमानी पर आकर ठहरी। नोमानी साहब ने मुझे बहर का ज्ञान कराया और इस्लाहात कीं। जैसे-जैसे मैं अपनी यात्रा पर चला लोग मिलते गये और ज्ञान वृद्धि होती गई। बरेली में रहते हुए मेरी मुलाकात मोहतरम सरदार ज़िया साहब से हुई जिन्होंने मेरी शायरी को सँवारने में मेरी बहुत मदद की।

मैंने भावाभिव्यक्ति के लिए ग़ज़ल विधा को ही क्यों चुना इसका सही उत्तर मेरे पास नहीं है। मैं महसूस करता हूँ कि यह स्वतः प्रेरणा से हुआ किन्तु पेशागत

व्यस्तताओं में मुझे ग़ज़ल जैसी कोमल काव्य विधा स्वयं को अभिव्यक्त करने का सर्वोत्तम माध्यम प्रतीत हुई। दो मिसरों का शेर कभी भी ज़ेहन में उतर आता है और अकसर मेरी ग़ज़ल का निर्माण टुकड़ों-टुकड़ों में होता है। किन्तु ग़ज़ल बेहद मुश्किल विधा है इसका छन्द शास्त्र कठोर और कठिन है। मिसरे में ज़रा-सी गड़बड़ी हुई नहीं कि उस्तादों ने उसे ख़ारिज़ किया। मैंने इसकी बारीकियाँ सीखने के लिए न सिर्फ़ कड़ी मेहनत की बल्कि उर्दू भी सीखी और अब भी सीख रहा हूँ। मेरी ग़ज़लों की भाषा हिन्दी-उर्दू (फ़ारसी-अरबी सहित) मिश्रित वह भाषा है जो आमतौर पर हमारे देश में बोली व समझी जाती है। मैंने हिन्दी तत्सम शब्दावली में भी एक-दो ग़ज़लें कही हैं। हिन्दी ग़ज़ल अपनी भाषा के अतिरिक्त अपनी प्रतीक सम्पदा से भी पहचानी जाती है। मेरी ग़ज़लों में भी स्वभाविक रूप से अपने जीवन व समाज से जुड़े प्रतीक और बिम्ब आए हैं जिन्हें मैंने अनुभूत किया है। यह आयातित नहीं है। मेरी ग़ज़लें जहाँ लौकिक प्रेम से होते हुए पारलौकिक प्रेम तक जातीं हैं वहीं वे जीवन के अन्य सामाजिक सरोकारों से भी सम्बद्ध हैं। वास्तव में जब जैसी अनुभूतियाँ हुई तब वैसी रचनाएँ उपजीं। मुझे सामाजिक-राजनीतिक विद्रूपताओं ने हमेशा उद्वेलित किया है। अव्यवस्थाएँ मुझे व्यथित करती हैं। रिश्तों में संवेदनहीनता उदास करती है। पाठकों को यही सब मेरी ग़ज़लों में कुछ ज़ाहिर और कुछ पोशीदा मिलेगा।

'उसी के नाम' मेरा प्रथम ग़ज़ल संग्रह है, जिसमें सन् 2012 से 2015 के बीच लिखी गयीं सभी ग़ज़लें लेखन के समयानुक्रम में संग्रहीत की गई हैं। अपनी ग़ज़लों के सम्बन्ध में कुछ भी कहना न तो मैं ज़रूरी समझता हूँ न ही उचित। मेरा मानना है कि रचनाएँ स्वयं अपने और अपने लेखक के बारे में कहने में सक्षम होती हैं। हाँ, इतना अवश्य अनुरोध करूँगा कि पाठक अन्त तक पढ़ने का धैर्य बनाये रखें तो उन्हें एक शायर के शैशव से युवावस्था तक की यात्रा का आनन्द अवश्य मिलेगा। साथ ही वो रचनाकार के रूप में मेरी विकास यात्रा का भी अवलोकन कर सकेंगे।

ग़ज़लों को पढ़ने के बाद इस पर डॉ. कुँवर बेचैन,प्रो. वसीम बरेलवी एवं मोहतरम अक़ील नोमानी ने अपनी राय अपने आलेखों में दी हैं जिन्हें पुस्तक में शामिल किया गया हैं। मैं आप सभी का दिल की अतल गहराइयों से आभारी हूँ।

पुस्तक को मूर्तरूप देने में सुश्री निशा दीक्षित ने भी महत्त्वपूर्ण भूमिका का निर्वाह किया है। मैं अपने उर्दू शिक्षक श्री अनवर वारसी एवं मित्र डॉ. अवनीश यादव का भी आभारी हूँ। किसी भी लेखक, विशेषतः कवि के जीवन में उसके परिवेश और उसमें शामिल सभी परिजन, मित्र एवं स्वजनों की बड़ी भूमिका होती है। उनके प्रति आभार प्रकट करना मैं अपना कर्त्तव्य समझता हूँ। मेरे माता-पिता का आशीर्वाद सदा मेरे साथ रहा। उनके प्रति कृतज्ञता शब्दों में प्रकट नहीं की जा सकती। मेरी पत्नी साधना ने जहाँ मुझे सदैव घर-परिवार के दैनन्दिन उत्तरदायित्वों से मुक्त रखकर मेरे सृजनकार्य

में बड़ी भूमिका निभायी, वहीं मेरी पुत्रियों अनुभूति आलोक व अक्षरा आलोक ने घर में अपनी निश्छल हँसी व व्यवहार से जो वातावरण सृजित किया उसने मेरे रचनाकर्म को अनुकूलता प्रदान की। इन सबके प्रति आभार प्रकट करना उनके योगदान को छोटा करने जैसा होगा। मैं ऐसा कोई शब्द नहीं ढूँढ़ पा रहा हूँ जिसके माध्यम से मैं उनके प्रति अपनी कृतज्ञता प्रकट कर सकूँ। वे मेरे लिये प्राण वायु हैं।

पुस्तक के आवरण चित्र के लिए मैं शादाँ अहमद का आभारी हूँ। मैं अपने सभी मित्रों एवं लोकभारती प्रकाशन के श्री रमेश ग्रोवर जी का भी आभार प्रकट करता हूँ और 'उसी के नाम' पाठकों के हाथों में सौंपता हूँ।

बरेली **आलोक यादव**

1

फिर उसे बेवफ़ा कह दिया
हाय, हमने ये क्या कह दिया

हर सितम उसका नेमत समझ
यार को जब ख़ुदा कह दिया

जब न रिश्ते निभा पाये वो
वक़्त ही को बुरा कह दिया

नाख़ुदा ने तो मझधार में
'तेरा हाफ़िज़ ख़ुदा' कह दिया

आए कहने पे 'आलोक' तो
वो जो कहना न था, कह दिया

जून 2012

नाख़ुदा-नाविक

प्रकाशित -1. ग़ज़ल संकलन 'इज़्तिराब' 2014 (अयन प्रकाशन, नई दिल्ली)
2. 'अभिनव प्रयास' (25वाँ अंक 2015) प्रकाशक-अशोक अंजुम, अलीगढ़

2

कब मौसमे-ग़म बदले
कब उनके सितम बदले

कब बदले ख़ुदा दिल के
कब दैरो-हरम बदले

कब अपनी वफ़ा बदली
कब अपने सनम बदले

कब बदले मेरे नासेह
कब दिल के भरम बदले

कब बदली यहाँ की रुत
कब अहले करम बदले

कब बारिशे-ग़म ठहरी
कब दीदा-ए-नम बदले

बदली न ज़बाँ उनकी
'आलोक' न हम बदले

जुलाई 2012

दैरो-हरम - मंदिर और मस्जिद, नासेह - धर्मोपदेशक,
अहले करम - कृपा करने वाले, दीदा-ए-नम - भीगी आँखे
प्रकाशित 1.-ग़ज़ल संकलन 'इज़्तिराब' 2014 (अयन प्रकाशन, नई दिल्ली)
2. 'अभिनव प्रयास' (25वाँ अंक 2015) प्रकाशक-अशोक अंजुम, अलीगढ़

3

सुब्ह तेरी मुस्कान सी लगती है
तू मुझको तो अज़ान सी लगती है

एक तेरी नाराज़ी के कारण
ये दुनिया वीरान सी लगती है

तकता ही रहता है चाँद उसे
कुछ उससे पहचान सी लगती है

तुझको कहीं से भी पढ़ लूँ मैं, तू
ग़ालिब का दीवान सी लगती है

जिस दम मेरे साथ तू होता है
हर मुश्किल आसान सी लगती है

चूमती रहती हैं तुझको आँखे
तू मुझको क़ुरआन सी लगती है

आओ ख़बर लें गुलशन की 'आलोक'
क्यूँ तितली बेजान सी लगती है

अक्टूबर 2012

दीवान-संग्रह
प्रकाशित -1. ग़ज़ल संकलन 'इज़्तिराब' 2014 (अयन प्रकाशन, नई दिल्ली)
2. 'अभिनव प्रयास' (25वाँ अंक 2015) प्रकाशक-अशोक अंजुम, अलीगढ़

4

कुछ इस तरह से पूरी मेरी जुस्तजू हुई
छोड़ा जिसे उसी को मेरी आरज़ू हुई

इनकार कर सके न किसी बात पर उसे
कुछ इस तरह से कल वो मेरे रूबरू हुई

होना था मेरी बात का जो उनपे यूँ असर
फिर क्यों न इस तरह से कभी गुफ़्तगू हुई

क़तरा था अपनी ज़ात में और कुछ भी मैं न था
फिर क्यों समंदरों को मेरी आरज़ू हुई

'आलोक' इश्क़ सच्चा हो, मिलता ज़रूर है
आख़िर समंदरों को रवाँ आबजू हुई

दिसम्बर 2012

जुस्तजू - खोज, ज़ात - अस्तित्व,
रवाँ - चलना, आबजू-नदी
प्रकाशित-पाक्षिक पत्रिका 'सरिता', मई (प्रथम) 2013

5

कितने क़िस्से कहते लब
जब भी जुम्बिश करते लब

दिल के नाज़ुक जज़्बों को
कहते हुए बहकते लब

मन-शहनाई गाती है
जब भी तन पर सजते लब

जब हो दिल से दिल की बात
कितनी बार लरज़ते लब

गीत कोई जब दिल से गाऊँ
कितनी बार थिरकते लब

अनचाही जब निकले बात
दाँतों में फिर दबते लब

राहें तकती बिरहन के
कितने रोज़ दहकते लब

मोती-मोती दाँत तेरे
सीपी-सीपी लगते लब

नाम लिखा जिसमें, उस ही
मिसरे जैसे लगते लब

हैं दुनिया में सबसे हसीं
तेरे-मेरे हँसते लब

जनवरी 2013

जुम्बिश-स्पंदन/हरकत, लरज़ते - काँपते
प्रकाशित-पाक्षिक पत्रिका 'गृहशोभा' नई दिल्ली मई (द्वितीय), 2014

6

बहुत रोका मगर ये कब रुके हैं
ये आँसू तो मेरे तुम पर गये हैं

जो तुमने मेरी पलकों में रखे थे
वो सपने मुझको शूलों से गड़े हैं

न सीता है, न अब है राम कोई
चरित्र ऐसे कथाओं में मिले हैं

जो आने के बहाने ढूँढ़ते थे
वो जाने के बहाने ढूँढ़ते हैं

हवाएँ सावनी जो पढ़ सको तुम
उन्हीं पे आँसुओं ने ख़त लिखे हैं

न जाने बात क्या है होने वाली
परिंदे आज कुछ सहमे हुए हैं

वो जिनमें खो दिये थे होश हमने
वही 'आलोक' फिर सामाँ हुए हैं

मई 2013

सामाँ–सामान

प्रकाशित–पाक्षिक पत्रिका 'सरिता' (दिल्ली प्रेस) मई (प्रथम) 2015

7

था मेरा सा, मगर मेरा नहीं था
वो था तो दूर, पर इतना नहीं था

उसे क्यों चाहता था तोड़ना वो
वो बंधन जो कभी बाँधा नहीं था

नहीं वो मिल सका ये है हक़ीक़त
कहूँ कैसे उसे चाहा नहीं था

उसे फ़ुर्सत तो थी, चाहत नहीं थी
था वो मसरूफ़ पर इतना नहीं था

जिए हैं दर्द और आँसू पिए हैं
कहाँ रोता, तेरा काँधा नहीं था

तुम्हारा काम था तुम कर गये हो
हमें दिल तोड़ना आता नहीं था

जून 2013

प्रकाशित-पाक्षिक पत्रिका 'सरिता' (दिल्ली प्रेस) जून (प्रथम) 2014

8

तुम मेरा दिल कि मेरी जाँ लोगे
ये ज़मीं या वो आसमाँ लोगे

दिल मेरा अब कहीं नहीं लगता
और तुम कितने इम्तिहाँ लोगे

मुझको सजदे में तुम ही दिखते हो
और क्या मेरे दो जहाँ लोगे

जिनपे मुझको बड़ा यक़ीन रहा
मुझसे वापस वो सब गुमाँ लोगे

चुक गया तेल रह गई बाती
बुझ गई शमा तो धुआँ लोगे

मंज़िलों पर पहुँच गए सब लोग
अब कहाँ गर्दे-कारवाँ लोगे

सारा गुलशन तो दे दिया 'आलोक'
अब भला क्या ये आशियाँ लोगे

सितम्बर 2013

गर्दे-कारवाँ - कारवाँ की धूल

प्रकाशित-1. ग़ज़ल संकलन 'इज़्तिराब' 2014 (अयन प्रकाशन, नई दिल्ली)

2. 'अभिनव प्रयास' (25वाँ अंक 2015) प्रकाशक - अशोक अंजुम, अलीगढ़

9

किया हर फ़ैसला ख़ुद सुना कुछ भी नहीं
हमें भी ज़िद रही और कहा कुछ भी नहीं

बिछड़ जाने का तेरे बहुत डर था हमें
हुआ कुछ भी नहीं पर रहा कुछ भी नहीं

वफ़ा की राह में यूँ हुई है रहज़नी
गया कुछ भी नहीं और बचा कुछ भी नहीं

नसीहत की थी उसने मुझे जाते हुए
तेरा कुछ भी नहीं और मेरा कुछ भी नहीं

दिए हैं ज़ख़्म तुमने मगर उनके लिए
दवा कुछ भी नहीं है दुआ कुछ भी नहीं

मुहब्बत है तिजारत तो फिर 'आलोक' जी
वफ़ा कुछ भी नहीं और जफ़ा कुछ भी नहीं

अक्टूबर 2013

प्रकाशित -1. ग़ज़ल संकलन 'इज़्तिराब' 2014 (अयन प्रकाशन, नई दिल्ली)
2. ई-मैगज़ीन 'हस्ताक्षर' संयुक्तांक नवम्बर-दिसम्बर 2015
प्रसारित-आकाशवाणी एफ. एम. चैनल 100.4 दिनांक 15.07.2015

10

बड़ी मस्त शाख़े-शजर मिली
बड़ी शोख़ बादे-सहर मिली

मेरे शहर से वो गुज़र गया
मुझे रहगुज़र से ख़बर मिली

जो ये चाहा उसकी नज़र पढ़ूँ
झुकी मुझको उसकी नज़र मिली

मैं मिटा तो देता वो फ़ासले
खड़ी दुनिया आगे मगर मिली

मेरी मुश्किलें तो वही रहीं
नयी एक मुझको नज़र मिली

नवम्बर 2013

शजर – पेड़, रहगुज़र – रास्ता,

प्रकाशित –1. ग़ज़ल संकलन 'इज़्तिराब' 2014 (अयन प्रकाशन, नई दिल्ली)
2. 'अभिनव प्रयास' (25वाँ अंक 2015) प्रकाशक–अशोक अंजुम, अलीगढ़

11

जो कह रहा है दिले-बेक़रार समझा करो
हमारे लिक्खे हुए ख़त को तार समझा करो

न होती इश्क़ में हासिल जो लज़्ज़ते-ग़म भी
तो करता क्या ये मेरा क़ल्बे-ज़ार समझा करो

जो राज़दारे-मुहब्बत हैं बन न जाएँ अदू
न तुम हर इक को हामी-ए-कार समझा करो

लुटा दिया है सभी कुछ पर आह निकली नहीं
नहीं है इश्क़ कोई कारोबार समझा करो

मलाल मत करो 'आलोक' दिल के जाने का
हुआ है दिल पे किसे इख़्तियार समझा करो

दिसम्बर 2013

लज़्ज़ते-ग़म - ग़म का मज़ा, क़ल्बे-ज़ार - दुखी हृदय,
अदू - दुश्मन, हामी-ए-कार - काम का समर्थन करने वाला,
प्रकाशित -ग़ज़ल संकलन 'इज़्तिराब' 2014 (अयन प्रकाशन, नई दिल्ली)

12

ख़त जो तुमने लिखा नहीं होता
ज़ख़्म दिल का हरा नहीं होता

अपना अपना ख़याल है लेकिन
दर्द, दिल की दवा नहीं होता

तूने चाहा नहीं मुझे वरना
इस ज़माने में क्या नहीं होता

बेख़बर तुम रहो परेशाँ हम
यूँ कोई सिलसिला नहीं होता

दाग़ ही दाग़ जो दिखाए, वो
आईना आईना नहीं होता

सब हैं हालात के फ़रेब 'आलोक'
कोई खोटा, खरा नहीं होता

दिसम्बर 2013

प्रकाशित –
1.ग़ज़ल संकलन 'इज़्तिराब' 2014 (अयन प्रकाशन, नई दिल्ली)
2.गुड़गाँव टुडे दैनिक दिनांक – 23.11.2014

13

खनखनाती रहीं काँच की चूड़ियाँ
गीत गाती रहीं काँच की चूड़ियाँ

बच्चियों की कलाई में जा के बहुत
खिलखिलाती रहीं काँच की चूड़ियाँ

जब भी मनिहार ने है सजायी दुकाँ
सबको भाती रहीं काँच की चूड़ियाँ

जब किसी ने सरे-बज़्म देखा नहीं
कसमसाती रहीं काँच की चूड़ियाँ

गीत साजन की यादों के तन्हाई में
गुनगुनाती रहीं काँच की चूड़ियाँ

प्यार की बात पर, प्यार की सेज पर
जाँ लुटाती रहीं काँच की चूड़ियाँ

और तो कुछ न बोलीं मेरी बात पर
बस लजाती रहीं काँच की चूड़ियाँ

चौथ की रात में चाँद के साथ में
जगमगाती रहीं काँच की चूड़ियाँ

उल्फ़तों में कभी और कभी जंग में
दम दिखाती रहीं काँच की चूड़ियाँ

देख परदेस में इंद्रधनु की छटा
याद आती रहीं काँच की चूड़ियाँ

हमने 'आलोक' मेहँदी की तारीफ़ की
मुस्कुराती रहीं काँच की चूड़ियाँ

जनवरी 2014

प्रकाशित –ग़ज़ल संकलन 'इज़्तिराब' 2014 (अयन प्रकाशन, नई दिल्ली)

14

हमें दी ये किसने सदा धीरे-धीरे
जवाँ हो रही है फ़ज़ा धीरे-धीरे

चले आओ जाने अदा धीरे-धीरे
ज़रा धीरे - धीरे, ज़रा धीरे-धीरे

मेरे चारागर जबसे तुम हो गये हो
असर कर रही है दवा धीरे - धीरे

शजर इश्क़ का इक जवाँ हो रहा है
बदलने लगी है हवा धीरे-धीरे

हमें ख़ार भी अब गुलों से लगे हैं
वो होने लगे रहनुमा धीरे-धीरे

मिटाने लगा मैं तेरी याद दिल से
कि जाता रहेगा गिला धीरे-धीरे

है 'आलोक' हमको भरोसा हमीं पर
निखरती है सबकी कला धीरे-धीरे

जनवरी 2014

चारागर – चिकित्सक, शजर – पेड़, ख़ार – काँटा
प्रकाशित-उर्दू दैनिक 'इंक़लाब' नई दिल्ली दिनांक : 11.01.2015
आकाशवाणी रामपुर द्वारा संगीतबद्ध कर प्रसारित

15

आपसे हर ख़ुशी हो गई
सर झुका बन्दगी हो गई

रहनुमा वो मेरे हो गए
सुर्ख़रू ज़िंदगी हो गई

वो नमूदार जब हो गए
हर तरफ़ रौशनी हो गई

पासबाँ वो मेरे हो गए
दहशतों में कमी हो गई

कुछ सुना कुछ कहा तो नहीं
बात पर काम की हो गई

देने वाले ने इतना दिया
हसरतों में कमी हो गई

मेरी ग़ज़लों में साहब हो तुम
शायरी बन्दगी हो गई

मेरा साहब ज़माना हुआ
जब नज़र आपकी हो गई

हमको 'आलोक' इतना मिला
दूर सब तीरगी हो गई

फरवरी 2014

सुर्ख़रू – सफ़ल, रहनुमा – मार्गदर्शक, नमूदार–प्रकट,
पासबाँ – रक्षक, तीरगी – अँधेरा

16

ज़िंदगी भर किसी की ज़मीं पे सजे
फूल थे हम कहीं-के-कहीं पे सजे

ठोकरों में रहे संग थे जब तलक
ख़ाक बनकर किसी की जबीं पे सजे

वक़्ते-रुख़सत यही दिल का अरमान है
ख़ाक है जिस गली की वहीं पे सजे

बेख़याली कभी हम पे जँचती नहीं
ये अदा भी उसी नाज़नीं पे सजे

हों मुबारक तुम्हीं को जफ़ाओं के गुल
ख़ार थे जो वफ़ा के हमीं पे सजे

मेरी आँखों से जितने भी आँसू गिरे
दाग़ बनकर मेरी आस्तीं पे सजे

है दुआ दिल से 'आलोक' हरदम यही
हर ख़ुशी उसके रू-ए-हसीं पे सजे

फरवरी 2014

संग - पत्थर, जबीं - मस्तक, जफ़ाओं - बेवफ़ाइयों,
ख़ार-काँटा, रू-ए-हसीं - सुन्दर मुखड़ा

प्रकाशित -
1.उर्दू दैनिक 'इंक़लाब' नई दिल्ली, दिनांक : 18.05.2014
2.पाक्षिक पत्रिका 'गीत गागर' (भोपाल), अप्रैल - जून 2015

17

जाने क्या हो गया आज का आदमी
अब कहाँ खो गया पारसा आदमी

यूँ तो किरदार अपना बदलता नहीं
बस बदलता है अपनी क़बा आदमी

मंज़िलों की ख़बर है न रस्ते की है
बस रहा दौड़ता-भागता आदमी

रब्त उसको है किससे पता ही नहीं
हो सका माँ का, न बाप का आदमी

उसको पत्थर मगर जीने देंगे कहाँ
हो भी जाए अगर आईना आदमी

छीनकर हक़ ग़रीबों का ज़रदार है
लोग कहते हैं उसको बड़ा आदमी

मंदिरों में कभी, मसजिदों में कभी
खोजता है ग़मों की दवा आदमी

ढूँढ़ते क्या हो 'आलोक' इस दौर में
आदमी है फ़क़त नाम का आदमी

मार्च 2014

पारसा-संयमी, क़बा - अंगरखा, रब्त-लगाव
प्रकाशित-दैनिक जागरण (साहित्यिक पुनर्नवा) दिनांक - 02.02.2015

18

जाने क्या हो गई आज की ज़िंदगी
दौड़ती, भागती, हाँफती ज़िंदगी

ख़्वाहिशों के बदन ढक न पायी कभी
कब मुझे है मिली नाप की ज़िंदगी?

जब भी छूने चला अक्स धुँधला गया
जैसे हो झील में चाँद सी ज़िंदगी

आओ फुटपाथ पर आ के देखो ज़रा
किस तरह से है फूली फली ज़िंदगी

नाम लेते हैं वो राम का रात दिन
चाहते पर नहीं राम सी ज़िंदगी

खेल कहते थे हम, बाप होकर मगर
हमने समझा, है क्या बाप की ज़िंदगी

आ के ‘आलोक’ देखो कभी गाँव में
झूठे वादों पे दम तोड़ती ज़िंदगी

मार्च 2014

प्रकाशित–दैनिक ‘अमर उजाला’ साहित्यिक पृष्ठ ‘शब्दिता’ दिनांक – 22.06.2014

19

हैं बदली हवाएँ, इलैक्शन है, क्या है ?
अजब हैं फ़ज़ाएँ, इलैक्शन है, क्या है ?

कहीं नुक्कड़ों पे है नौटंकी जारी
कहीं हैं सभाएँ, इलैक्शन है, क्या है?

अजब गहमा गहमी है क्यूँ शहर भर में
चलो देख आएँ, इलैक्शन है, क्या है?

पधारे हैं साँपों के घर नेवले क्यों
हैं लेते बलाएँ, इलैक्शन है, क्या है?

धरम की दुकानें भी सजने लगी हैं
बिकेंगी दुआएँ, इलैक्शन है, क्या है?

अमावस के ये चाँद उतरे ज़मीं पर
चलो मिल के आएँ, इलैक्शन है, क्या है?

सहाफ़त का धंधा भी ज़ोरों पे आया
कहो क्या दिखाएँ, इलैक्शन है, क्या है?

वो रंग गिरगिटों से बदलने लगे हैं
ज़रा जाग जाएँ, इलैक्शन है, क्या है?

सियासत नई आपकी कुछ नहीं है
न सपने दिखाएँ, इलैक्शन है, क्या है?

उजाले नए आप 'आलोक' लाएँ
कि राहें दिखाएँ, इलैक्शन है, क्या है?

मार्च 2014

प्रकाशित:-
1.'अमर उजाला', दिनांक 08.05.2014
2.उर्दू दैनिक 'इंक़लाब' नई दिल्ली, दिनांक 01.05.2014

20

किसी आँख में अब नदामत नहीं है,
बची अब कहीं क्या शराफ़त नहीं है ?

मेरे शेर सुनकर न तुम मुस्कुराओ,
ये टीसें हैं दिल की ज़राफ़त नहीं है

घरों, दफ़्तरों में, मठों, मदरसों में
बताओ, कहाँ अब सियासत नहीं है ?

कहाँ से चले थे, कहाँ आ गए हैं ?
कि रिश्तों में अब वो हरारत नहीं है

जिसे छोड़कर हम गए थे यहाँ से
दिलों में वो पहली सी क़ुरबत नहीं है।

रहूँ पास माँ के कहीं भी न जाऊँ
खुदाया यही क्या ज़ियारत नहीं है

मेरी ख़ामुशी से न 'आलोक' समझो,
मुझे तुमसे कोई शिकायत नहीं है।

अप्रैल 2014

नदामत-शर्म, ज़राफ़त-हँसी, क़ुरबत – निकटता, ज़ियारत – तीर्थयात्रा

प्रकाशित –
1.उर्दू दैनिक 'इंक़लाब' दिनांक : 17.07.2014
2.त्रैमासिक साहित्यिक पत्रिका 'गीत गागर' भोपाल, अप्रैल-जून 2015

21

हर इक शय उधर मोतबर हो गई
तुम्हारी इनायत जिधर हो गई

तवील इस क़दर थी कहानी मेरी
सुनाते - सुनाते सहर हो गई

नज़ारा तेरा जो दिखा सामने
किधर थी ये दुनिया किधर हो गई

हवा भी उन्हीं के तआक़ुब में है
जिधर वो गए ये उधर हो गई

दुआ जिसमे शामिल न थी आपकी
दवा भी वही बेअसर हो गई

निहारूँ तुझे आँख भरकर सनम
इजाज़त मुझे आज भर हो गई

रखें हाथ सर पे जो साहब कभी
तो 'आलोक' समझो सहर हो गई

अप्रैल 2014

मोतबर – सम्माननीय, तवील – लम्बी, सहर – सवेरा
तआक़ुब – प्रभाव,

प्रकाशित–ई–मैगज़ीन 'हस्ताक्षर' संयुक्तांक नवम्बर–दिसम्बर 2015
आकाशवाणी रामपुर द्वारा संगीतबद्ध कर प्रसारित

22

आओ किसी की याद मनाएँ कभी-कभी
बिखरे हुए ग़मों को सजाएँ कभी-कभी

होती रहे तुम्हारी इनायत इसी तरह
मिलती रहें तुम्हारी दुआएँ कभी-कभी

हर वक़्त नफ़रतों की ये बातें नहीं भली
शम्में मुहब्बतों की जलाएँ कभी-कभी

कासा बनाके हाथ को, आँसू समेट लें
रोता हुआ जो मुझको वो पाएँ कभी-कभी

'आलोक' बादबान इरादों के ले चले
हो जाएँ साज़गार हवाएँ कभी-कभी

अप्रैल 2014

इनायत - कृपा, कासा-पात्र, बादबान - पाल/पोतपट,
साज़गार-सहायक

23

एक मुस्कान से वो रिश्ते बना लेता है
ये मेरा दिल भी कई क़िस्से बना लेता है

पास रहकर भी कोई अपना नहीं हो पाता
दूर रहकर भी कोई सबसे बना लेता है

बात करने का सलीक़ा कोई सीखे उससे
बातों–बातों में कई लहजे बना लेता है

डालकर आँखों में आँखें मेरा हमसाया भी,
दिल की राहों के कई नक़्शे बना लेता है

नज़रें जितनी भी चुराओ बचो जितना 'आलोक'
वो तो ख़ुशबू की तरह रस्ते बना लेता है

अप्रैल 2014

प्रकाशित–उर्दू दैनिक 'इंक़लाब' दिनांक–13 दिसम्बर 2015

24

हमने होठों पे तबस्सुम को सजाए रक्खा
दिल का हर ज़ख़्म इसी तरह छुपाए रक्खा

अपनी आँखों को किसी तरह छलकने न दिया
क़ौल साक़ी का इसी तरह निभाए रक्खा

वो कभी चेहरे के दाग़ों पे पशेमान न हो
आइना इसलिए हमने ही छुपाए रक्खा

तुझको पाने की तमन्ना जब उठी है दिल में
दिल को बच्चे की तरह हमने मनाए रक्खा

बे-ख़ता हो के भी माँगी है मुआफ़ी हमने
अपने रिश्तों को इसी तरह बचाए रक्खा

है ज़मींदोज़ वो मग़रूर यहीं दो गज़ में
आसमाँ जिसने बहुत सर पे उठाए रक्खा

हमने ख़ल्वत को न होने दिया बेनूर 'आलोक'
उनकी यादों के चराग़ों को जलाए रक्खा

मई 2014

तबस्सुम – मुस्कुराहट, ज़मींदोज़ – दफ़्न, ख़ल्वत – एकांत

प्रकाशित : 'अहा ! ज़िंदगी' (हिन्दी मासिक), जयपुर, सितम्बर 2015

25

जागती आँखों में कुछ ख़्वाब सजाए रखना
हौसला उनको निभाने का बनाए रखना

फूल तो फूल हैं, मुरझाते हैं इक दिन देखो
इसलिए काँटे भी दामन में सजाए रखना

उनके ऐबों को लबों पर न कभी लाना तुम
बात जो दिल में है दिल ही में दबाए रखना

सुन रहा हूँ कि वो आएंगे हँसाने मुझको
आँसुओं तुम भी ज़रा रंग जमाए रखना

है ये तहज़ीब बुज़ुर्गों की निशानी 'आलोक'
तुम ये गिरती हुई दीवार बचाए रखना

मई 2014

प्रकाशित–मासिक पत्रिका 'आधारशिला' हल्द्वानी, फरवरी–मार्च 2015 अंक

26

जब भी बन्दे पे ख़ुदा टेढ़ी नज़र करता है
फिर न पूछो कि वो किस तरह बसर करता है

आज़माइश की हिमाक़त न अन्धेरों करना
ख़ौफ ज़ुल्मत का कहीं कोई क़मर करता है

तू ने देखा नहीं, दौलत पे अकड़ने वाले
कैसे कैसों को ख़ुदा ज़ेरो-ज़बर करता है

जिसके होने की दुआ माँगी ख़ुदा से हमने
दरबदर हमको वही लख़्ते-जिगर करता है

किसके क़दमों के निशाँ हैं ये बताओ 'आलोक'
कौन तूफाने-हवादिस में सफ़र करता है

मई 2014

आज़माइश-परखने, हिमाक़त-धृष्टता, ज़ुल्मत - अँधेरा,
क़मर-चन्द्रमा, ज़ेरो-ज़बर - नीचे-ऊपर,
तूफाने-हवादिस -हादसों का तूफान
प्रकाशित-वार्षिक पत्रिका 'नाइटेंगल संगीत अकादमी' का (45वाँ अंक) 2014

27

अंजुमन में जो मेरी इतनी ज़िया है साहिब
ख़ूने दिल मेरे चराग़ों की ग़िज़ा है साहिब

बुतशिकन निकला वही समझा था जिसको बुतगर,
जिसमें रहता था वही तोड़ गया है साहिब

आँख से आँसू चुरा ले गया, लेकिन वो शख़्स
बेगुहर सीप यहीं छोड़ गया है साहिब

मुझको जन्नत के नज़ारे भी नहीं जँचते हैं
शहरे-जानाँ ही तसव्वुर में बसा है साहिब

रेग़ज़ारों के सफ़र पे जो चले हो 'आलोक'
कोई आँखों में लिए अश्क खड़ा है साहिब

मई 2014

अंजुमन-महफ़िल, ज़िया-प्रकाश, ग़िज़ा-भोजन,
बुतशिकन-मूर्ति भंजक, बुतगर-मूर्तिकार, बेगुहर-बिना मोती के,
तसव्वुर-कल्पना, रेग़ज़ारों-रेगिस्तानों

28

दर्द ग़ैरों का भी अपना सा लगा है लोगो
मुझको ये वस्फ़ मेरी माँ से मिला है लोगो

उसके क़दमों के निशाँ हैं मैं जिधर भी देखूँ,
घर तो माँ का ही तसव्वुर में बसा है लोगो

जो उसूलों का दिया माँ ने किया था रौशन
उम्र भर मुझको मिली उसकी ज़िया है लोगो

उम्र को मुझपे वो हावी नहीं होने देती
जब तलक माँ है ये बचपन भी बचा है लोगो

मुश्किलें हो गयीं आसान मुझे सब 'आलोक'
मेरे हमराह, मेरी माँ की दुआ है लोगो

मई 2014

वस्फ़-गुण
तसव्वुर-कल्पना, ज़िया-प्रकाश,
प्रकाशित : दैनिक जागरण (साहित्यिक पुनर्नवा) दिनांक : 30 जून 2014
आकाशवाणी रामपुर द्वारा संगीतबद्ध कर प्रसारित

29

घर में बेटी जो जनम ले तो ग़ज़ल होती है
दाई बाँहों में जो रख दे तो ग़ज़ल होती है

नन्हे हाथों से पकड़ती है वो उंगली मेरी
साथ मेरे जो वो चल दे तो ग़ज़ल होती है

उसकी किलकारियों से घर जो चहकता है मेरा
सोते सोते जो वो हँस दे तो ग़ज़ल होती है

थक के आता हूँ मैं जब चूर-चूर घर अपने
वो जो हाथों में सहेजे तो ग़ज़ल होती है

छोड़कर मुझको वो एक रोज़ चली जाएगी
सोचकर मन जो ये सिहरे तो ग़ज़ल होती है

मई 2015

प्रकाशित : गृह शोभा (पाक्षिक), नवम्बर (प्रथम) 2015
आकाशवाणी रामपुर द्वारा संगीतबद्ध कर प्रसारित

30

भरे जो ज़ख़्म तो दाग़ों से क्यों उलझें?
गई जो बीत उन बातों से क्यों उलझें ?

उठाकर ताक़ पे रख दीं सभी यादें,
नहीं जो तू तेरी यादों से क्यों उलझें ?

खुदा मौजूद है जो हर जगह तो फिर,
अक़ीदत केश बुतख़ानों से क्यों उलझें ?

ये माना थी बड़ी काली शबे-फ़ुरक़त,
सहर जब हो गई रातों से क्यों उलझें?

हवाएँ जो गुलों से खेलतीं थीं कल,
मेरे महबूब की ज़ुल्फ़ों से क्यों उलझें ?

इसी कारण नहीं रोया तेरे आगे,
मेरे आँसू तेरी पलकों से क्यों उलझें ?

नदी ये सोच कर चुपचाप बहती है,
सदाएँ उसकी वीरानों से क्यों उलझें ?

उन्हें क्या वास्ता 'आलोक' जी ग़म से,
गुलों के आशना ख़ारों से क्यों उलझें ?

जून 2014

अक़ीदत केश-आस्थावान्, बुतख़ानों-पूजाघरों,
फ़ुरक़त-वियोग, आशना-प्रेमी/परिचित, ख़ारों - काँटों

प्रकाशित-मासिक पत्रिका 'आधारशिला' हल्द्वानी, फरवरी-मार्च 2015 अंक

31

उगे हैं शहर में अब धूप के जंगल
रचे हैं आदमी ने ईंट से जंगल

जमी है गाड़ियों की भीड़ सड़कों पर
मुझे लगते हैं अब तो रास्ते जंगल

मैं अपने गाँव जाकर इसलिए रोया
नहीं अब गाँव में भी छाँव के जंगल

हिला के हाथ बादल उड़ गया देखो
नदी सूखी, हुए सब अनमने जंगल

हमीं से ज़िंदगी की राहतें सब हैं
यही कहते हैं हमसे आपसे जंगल

सफ़र में ज़िंदगी के, छाँव करते हैं
तुम्हारी याद के ये सर चढ़े जंगल

जहाँ देखो यही एक बोध है 'आलोक'
उगे हैं आदमी की भूख के जंगल

जून 2014

प्रकाशित – 'उत्तर प्रदेश' (मासिक) सूचना एवं जनसम्पर्क विभाग, उ0 प्र0 सरकार अक्टूबर – दिसम्बर 2014

32

सरापा तेरा क्या क़यामत नहीं है?
इधर हश्र सी दिल की हालत नहीं है?

मुहब्बत मेरी क्या इबादत नहीं है?
वो इक नूर है जिसकी सूरत नहीं है

तेरे इन लबों को मैं तश्बीह क्या दूँ?
कि फूलों में ऐसी नज़ाकत नहीं है

है चाहत कहूँ रूप तेरा ग़ज़ल में,
मगर मुझमें हुस्ने ख़िताबत नहीं है

बयाँ हो रही है जो आँखों से तेरी,
पढ़ी मैंने ऐसी हिकायत नहीं है

वो जब बोलता है मधुर बोलता है,
किसी शै में ऐसी हलावत नहीं है

मैं तारीफ़ तेरी करूँ भी तो कैसे?
ज़बानो-बयाँ पर वो क़ुदरत नहीं है

है 'आलोक' मेरी ग़ज़ल जाने-महफ़िल,
पर उस को जो भाए वो रंगत नहीं है

जुलाई 2014

सरापा-सर से पाँव तक/ आपाद मस्तक, तश्बीह-उपमा,
ख़िताबत-सम्बोधन /कथन, हिकायत-कहानी,
हलावत-मिठास,

33

सब्ज़ है पैरहन चाँद का आज फिर
रंगे-रुख़सार है सुर्ख़ सा आज फिर

कर गई काम तेरी अदा आज फिर
सहने-गुल ने कहा मरहबा आज फिर

तेरे पैकर को छूकर चली आई है
मरमरीं है बदन रात का आज फिर

ले के आग़ोश में चाँद को आसमाँ
मुँह ज़मीं को चिढ़ाता रहा आज फिर

याद चन्दन वनों से गुज़रती रही
मन में सन्दल महकता रहा आज फिर

दिल की नाकामियाँ ही ख़तावार हैं
वो गुनाहों का है देवता आज फिर

चाँद-सूरज हुए आमने सामने
इम्तिहाँ सागरों का रहा आज फिर

आओ 'आलोक' सैरे-चमन को चलें
उठ के आई है काली घटा आज फिर

अगस्त 2014

सब्ज़-हरा, पैरहन-वस्त्र, मरहबा-बहुत खूब,
पैकर-शरीर, मरमरीं - सफ़ेद

34

है दिल की कहानी का बेबाक बयाँ आँसू
कह लेते हैं सब कुछ ये आज़ाद ज़बाँ आँसू

कब आँख में रहना है, कब छुपना है, कब बहना
जाने हैं ज़माने के आदाब कहाँ आँसू

घर छोड़ जवाँ बच्चे परदेस गए जब से
रहते हैं बुज़ुर्गों की आँखों में जवाँ आँसू

तटबंध कहाँ टिकते, सैलाब जो आ जाए
इक बार जो बह निकले, रुकते हैं कहाँ आँसू

क्या अर्ज़े-वफ़ा कीजे, क्या उससे गिला कीजे
बह जाते हैं सब शिकवे, गिरते हैं जहाँ आँसू

करते हैं तेरा चर्चा, हर बात में ग़म मेरे
आजा कि अब आते हैं, बातों में यहाँ आँसू

पलकों पे रहूँ जाकर, आँखों में बसूँ जाकर
मिल जाए ठिकाना वो, रहते हैं जहाँ आँसू

हासिल हुआ इस दिल के बाज़ार में क्या किसको
'आलोक' मोहब्बत के हैं सूदो-ज़ियाँ आँसू

जुलाई 2014

आदाब – शिष्टाचार, सूदो-ज़ियाँ–लाभ और हानि

प्रकाशित – 'उत्तर प्रदेश' (मासिक) सूचना एवं जनसम्पर्क विभाग, उ.प्र. सरकार जून-2015

35

हक़ीक़त भी है वो फ़साना भी है
तबीयत से कुछ आशिक़ाना भी है

किसी से वो परदा करे भी तो क्यूँ
उसे रंग अपना जमाना भी है

बुलाना मुझे उसका मक़्सद नहीं
अमीरी का जल्वा दिखाना भी है

मैं अश्कों से लिखता रहूँगा ग़ज़ल
मेरे पास ग़म का ख़ज़ाना भी है

अँधेरे चराग़ों की हैं ताक में
हवा का इधर आना-जाना भी है

घड़ी-दो-घड़ी साथ अपना सही
इसी दो घड़ी में ज़माना भी है

शिकारी जो बन के है 'आलोक' ख़ुश
न भूले कि वो ख़ुद निशाना भी है

सितम्बर 2014

प्रकाशित –
1. गुड़गाँव टुडे (समाचार पत्र) दिनांक – 11.01.2015
2. पैग़ामे मादरे वतन (उर्दू दैनिक : दिल्ली) दिनांक – 11.01.2015

36

रुख़सत हुए जो आज किसी की गली से हम
ऐसा लगा कि दूर हुए ज़िंदगी से हम

इतनी सी बात पर वो ख़फ़ा हमसे हो गए
दामन छुड़ा रहे थे किसी अजनबी से हम

खाकर क़सम तुम्हारी नशीली निगाह की
हर रोज़ तौबा करते रहे मयकशी से हम

कर लेंगे ख़ुद तलाश कि मंज़िल है किस तरफ़
उकता गए हैं यार तेरी रहबरी से हम

सहने-चमन से ख़ुशबू को बेगाना कर दिया
तंग आ गये सबा तेरी आवारगी से हम

आ जाओ, आ भी जाओ कि तुम खो गए कहाँ
'आलोक' दे रहे हैं सदा बेबसी से हम

सितम्बर 2014

रहबरी – मार्गदर्शन, सबा–पुरवा हवा, सदा – पुकार

37

माँ ज़मीं है अगर, आसमाँ है पिता
घर की दीवार माँ, साएबाँ है पिता

थाम ली बाँह मेरी पिता ने सदा
बन के सम्बल खड़ा, पासबाँ है पिता

मैंने देखा नहीं है ख़ुदा को कभी
पर यक़ीं है ख़ुदा का निशाँ है पिता

उसने खून और पसीने से सींचा हमें
बाग़ के फूल हम, बाग़बाँ है पिता

उसकी ख़िदमत है तामीले-फ़रमाने-रब
यानी रब और मेरे दरमियाँ है पिता

परवरिश की मेरी अपने सुख भूलकर
त्याग की जाविदाँ दास्ताँ है पिता

मेरी रग-रग में बहता है उसका लहू
आत्मा है मेरी, जिस्मो-जाँ है पिता

लोग कहते हैं 'आलोक' हमसे यही
शख़्सियत से हमारी अयाँ है पिता

अक्टूबर 2014

साएबाँ – छत, पासबाँ – प्रहरी,
जाविदाँ – अमर, अयाँ – प्रकट,

38

अब कहाँ खो गयीं वो सभी चिट्ठियाँ
ख़ुशबुओं में नहाईं सजी चिट्ठियाँ

अब चलन में नहीं प्यार की चिट्ठियाँ
लोग लिखते हैं बस दफ़्तरी चिट्ठियाँ

वो कहाँ तक छुपाता बहा दीं सभी
जान से थीं जो प्यारी तेरी चिट्ठियाँ

उसके छूने से जो हो गयीं मख़मली
भेज दे काश वो फिर वही चिट्ठियाँ

अक्स उभरता था जिनमे तेरे रूप का
कुछ सलोनी तो कुछ साँवली चिट्ठियाँ

खुशबुएँ थीं, नज़ाकत थी, अन्दाज़ थे
याद आयीं मुझे नरगिसी चिट्ठियाँ

रात भर ओस ने पाँखुरी-पाँखुरी
लिख के भेजीं मुझे शबनमी चिट्ठियाँ

गोपियों ने सुनी राधिका ने पढ़ीं
बाँसुरी से लिखी श्याम की चिट्ठियाँ

गोपियों का न विश्वास देखो डिगे
लेके ऊधौ चले ज्ञान की चिट्ठियाँ

एक बेवा के अश्कों से लिक्खी हुई
दफ़्तरों दफ़्तरों घूमती चिट्ठियाँ

दिल के औराक़ पर मैं जो लिखता रहा
किसको भेजूँ मैं वो दर्द की चिट्ठियाँ

उसकी बेटी जो पढ़ने गई हॉस्टल
माँ ने भेजीं नसीहत भरी चिट्ठियाँ

सूनी आँखों में मंज़र जगाती हुई
सोई रातों में कुछ जागती चिट्ठियाँ

सोचता हूँ ये 'आलोक' बैठा हुआ
ये ग़ज़ल है मेरी या मेरी चिट्ठियाँ

दिसम्बर 2014

औराक़-पृष्ठ/ पन्ना
प्रकाशित-अमर उजाला (समाचार-पत्र) 'शब्दिता' दिनांक – 12.04.2015

39

यहाँ हो रहीं हैं वहाँ हो रहीं हैं
निहाँ थीं जो बातें अयाँ हो रहीं हैं

इरादे हमारे दुआएँ तुम्हारी
हवाएँ ही खुद बादबाँ हो रहीं हैं

लुटाई किसी ने जवानी वतन पे
दिशाएँ भी शहनाइयाँ हो रहीं हैं

कई आसमाँ आ गिरे हैं ज़मीं पर
ज़मीनें कई आसमाँ हो रहीं हैं

रक़ीबों तलक कैसे पहुँचीं वो बातें
जो तेरे मेरे दरमियाँ हो रहीं हैं

कोई फूल देवी के चरणों तक आया
कहीं मुंतशर पत्तियाँ हो रहीं हैं

दिसम्बर 2014

निहाँ – गुप्त, अयाँ – प्रकट, बादबाँ–पोत पट,
रक़ीबों – प्रतिद्वंद्वी, मुंतशर–छिन्न भिन्न
प्रकाशित : 'अहा ! ज़िंदगी' (हिन्दी मासिक, जयपुर), सितम्बर 2015

40

लोग बेचैन हैं मेरी सुनकर ग़ज़ल
है लिखी मैंने टूटे दिलों पर ग़ज़ल

शोख़ियाँ, मस्तियाँ तेरी अँगड़ाइयाँ
है तसव्वुर में मेरे सरासर ग़ज़ल

दो घड़ी ही सही साथ अपना मगर
कह सकूँगा मैं अब ज़िंदगी भर ग़ज़ल

फूल सा नर्म नाज़ुक महकता ख़याल
बन गया तेरे होठों को छूकर ग़ज़ल

था ग़मे-हिज्र का बस यही इक इलाज
दे गया ज़ख़्मे दिल ताज़ा-ओ-तर ग़ज़ल

तुझसे मिलकर कहाँ नींद आ पायेगी
ओढ़ लूँगा बनाकर मैं चादर ग़ज़ल

मेरा बेनाम उन उँगलियों को नमन
ताज को दे गयीं संगमरमर ग़ज़ल

कल तलक थी ये बेजान सी इक शिला
जी उठी है तुम्हें आज छूकर ग़ज़ल

तेरे 'आलोक' को तुझसे मिलकर लगा
तेरी यादें रुबाई हैं, पैकर ग़ज़ल

दिसम्बर 2014

तसव्वुर- कल्पना, हिज्र – वियोग, पैकर – शरीर

प्रकाशित : 'अहा ! ज़िंदगी' (हिन्दी मासिक), जयपुर, सितम्बर 2015

41

यूँ ख़ुदा तूने मेरे हक़ में ख़ुदाई लिख दी
एक कश्कोल लिखा एक चटाई लिख दी

लिखनेवाले ने लिखी हमसफ़री चार ही दिन
दश्ते-तन्हाई में फिर आबलापाई लिख दी

उसकी हर चीज़ मेरी, इश्क़ के आगाज़ में थी
लेकिन आज उसने मेरी जाँ भी पराई लिख दी

जुर्म था इश्क़, सज़ा मिलनी थी ताउम्र की क़ैद
फ़ैसले में मेरे हाकिम ने रिहाई लिख दी

इश्क़ में कह दिया क्या उसको ख़ुदा ऐ 'आलोक'
उसने क़िस्मत में मेरे नाम जुदाई लिख दी

जनवरी 2015

कश्कोल-भिक्षापात्र, दश्त – जंगल, आबलापायी-छालों भरे पैर

42

तू है, मैं हूँ उस पर मौसम बारिश का
आया ख़ुशियाँ लेकर मौसम बारिश का

अपने ही जादू में जकड़े रहता है
जाने जंतर-मंतर मौसम बारिश का

रीते दिन, खाली रातें, भीगी पलकें
यूँ भी गुज़रा अक्सर मौसम बारिश का

रातों को तन्हाई डसती रहती है
दिन भर डसता विषधर मौसम बारिश का

बिछड़ गया जाते बसंत सा पल भर में
आँखों को वो देकर मौसम बारिश का

इसमें ही मिलकर बिछड़े थे हम दोनों
साँझी एक धरोहर मौसम बारिश का

देखो कब तक बच पाती है अपनी छत
उतरा छत पर ख़ुदसर मौसम बारिश का

उससे पूछो जिसकी मज़दूरी छूटी
काँटों का है बिस्तर मौसम बारिश का

खोल के ख़त 'आलोक' ज़रा देखो, किसने
तुमको भेजा लिखकर मौसम बारिश का

जनवरी 2015

ख़ुदसर-अहंकारी
प्रसारित-आकाशवाणी बरेली दिनांक 21.07.2015
प्रकाशित : 'अहा ! ज़िंदगी' (हिन्दी मासिक, जयपुर), सितम्बर 2015

43

मौन के ये आवरण मुझको बचा ले जाएंगे
वरना बातों के कई मतलब निकाले जाएंगे

राजनैतिक व्याकरण तुम सीख लो पहले ज़रा
वरना फिर अख़बार में फ़िक़रे उछाले जाएंगे

जानते हैं रहनुमा देंगे हमें कैसा जवाब
आज के सारे मसाइल कल पे टाले जाएंगे

अब अँधेरों की हुकूमत हो चली है हर तरफ़
अब अँधेरों की अदालत में उजाले जाएंगे

शहर से हाकिम के हरकारे हैं आए गाँव में
जाने किसके छीनकर मुँह के निवाले जाएंगे

कब तलक भरते रहें दम दोस्ती का आपकी
आस्तीनों में न हमसे साँप पाले जाएंगे

दर्दे-दिल जो मौत से पहले गया तो दर्द क्या
तेरी थाती को हमेशा हम सँभाले जाएंगे

प्यार का दोनों पे आख़िर जुर्म साबित हो गया
ये फ़रिश्ते आज जन्नत से निकाले जाएंगे

अश्क ज़ाया हो न पाएं सौंप दो तुम सब हमें
दिल है अपना सीप सा मोती बना ले जाएंगे

तुम अगर हो दीप तो 'आलोक' लासानी हैं हम
हम तुम्हारे बाद भी महफ़िल सजा ले जाएंगे

मार्च 2015

प्रकाशित-कादम्बिनी (मासिक) जुलाई 2015

44

रिक़ाबत क्यों है तुमको आसमाँ से
ज़रा पूछो, वो ख़ुश है चाँद पा के?

हज़ारों ख़ामियाँ तुमको मिलेंगी
जो देखोगे उसे तुम पास जा के

मिलन की रुत में जो वादे करोगे
वही तन्हाई के होंगे सहारे

कहीं यादों की शिद्दत बढ़ न जाए
हमारे चारासाज़ों की दवा से

मार्च 2015

रिक़ाबत – प्रतिद्वंद्विता, चारासाज़ों-चिकित्सकों

45

अब न रावण की कृपा का भार ढोना चाहता हूँ
आ भी जाओ राम मैं मारीच होना चाहता हूँ

थक चुका हूँ, और कब तक ये दुआ करता रहूँ मैं
एक काँधा कर अता मौला कि रोना चाहता हूँ

तुम कि पंछी हो उड़ो आकाश में जिस ओर चाहो
कब तुम्हारी राह की दीवार होना चाहता हूँ

है हक़ीक़त से तुम्हारी आशनाई ख़ूब लेकिन
मैं तुम्हारी आँख में कुछ ख़्वाब बोना चाहता हूँ

आशिक़ों के आँसुओं से था जो तर दामन ग़ज़ल का
अश्क से मज़लूम के उसको भिगोना चाहता हूँ

जिनके हाथों में किताबों की जगह औज़ार देखे
उनकी आँखों में कोई सपना सलोना चाहता हूँ

है क़लम तलवार से भी तेज़तर 'आलोक' तो फिर
मैं किसी मजबूर की शमशीर होना चाहता हूँ

अप्रैल 2015

आशनाई –परिचय, मज़लूम-जिस पर ज़ुल्म हुआ हो,
शमशीर–तलवार

प्रकाशित–कादम्बिनी (मासिक) जुलाई 2015 नई दिल्ली

46

बाज़ ख़त पुर असर भी होते हैं
नामाबर चारागर भी होते हैं

हुस्न की दिलकशी पे नाज़ न कर
आईने बदनज़र भी होते हैं

तुम हुए हमसफ़र तो ये जाना
रास्ते मुख़्तसर भी होते हैं

जान देने में सर बुलंदी है
प्यार का मोल सर भी होते हैं

इक हमीं मुंतज़िर नहीं 'आलोक'
मुंतज़िर बाम-ओ-दर भी होते हैं

मई 2015

नामाबर – डाकिया, चारागर –चिकित्सक, पुर असर – असरदार, बदनज़र-बुरी नज़र, मुख़्तसर-छोटे/अल्प, मुंतज़िर – प्रतीक्षारत, बाम-ओ-दर – दरवाज़े और झरोखे
प्रकाशित-उर्दू दैनिक 'इंक़लाब' दिनांक : 09.08.2015

47

फिर आने का वादा करके पतझर में
हाथ छुड़ाकर चला गया वो पल भर में

सपने जिसके तुम मुझको दिखलाते थे
आँखें अब तक ठहरी हैं उस मंज़र में

मन में मेरे अब तक आशा है बाक़ी
थोड़ी जान बची है अब तक पिंजर में

इतने आँसू कहाँ कि तन की प्यास बुझाऊँ
फूल खिलाऊँ कैसे मन के बंजर में

छुअन मख़मली, स्वप्न सलोने, बातें सब
अब तक लिपटे वहीं पड़े हैं चादर में

दूर निगाहों की सीमा से हो फिर भी
आँखें तुमको ढूँढ़ती रहती हैं घर में

नयन लगे हैं अब तक मेरे राहों पर
आ जाओ, आ भी जाओ, अपने घर में

आदि काल से सभी मनीषी सोच में हैं
कितने भेद छुपे हैं ढाई आखर में

मन में कुछ–कुछ चुभता रहता है 'आलोक'
थोड़ी सिलवट छूट गई है अस्तर में

मई 2015

48

अपने हिस्से की छत खो कर मैंने
रच डाले हैं बालू से घर मैंने

भरने को परवाज़ बड़ी घर छोड़ा
तन-मन कर डाला यायावर मैंने

हाथ पिता का माँ का आँचल छूटा
प्यार बहन का खोया क्यूँकर मैंने

धुआँ धुआँ सारे मंज़र कर डाले
जीवन का उपहास उड़ाकर मैंने

तंज़ सहे 'आलोक' बहुत ग़ैरों के
अपनों से भी खाए पत्थर मैंने

मई 2015

परवाज़-उड़ान, यायावर - घुमन्तु

49

अभी उनसे मिलकर जो हम आ रहे हैं
हवाओं में जैसे उड़े जा रहे हैं

हम उनसे वो हमसे जो शरमा रहे हैं
मुहब्बत के लगता है दिन आ रहे हैं

न देखा उन्हें हमने आए थे जब वो
मगर उनके जाने से घबरा रहे हैं

सुना है क़यामत क़रीब आ रही है
वो रुख़ से हटाए नक़ाब आ रहे हैं

बदल मैं रहा हूँ, बदल तुम रहे हो
नए साँचे में हम ढले जा रहे हैं

ये कैसा किया तुमने जादू कि हर सू
तुम्हारे क़सीदे पढ़े जा रहे हैं

न आया है उनका कोई ख़त अभी तक
यूँ ही हम दिवाने हुए जा रहे हैं

अना के लिए उसको ठुकरा तो आए
मगर ठोकरें हर क़दम खा रहे हैं

बहुत बेतकल्लुफ़ हैं मुझसे तेरे ग़म
ये गाहे बगाहे चले आ रहे हैं

है क्या उनका रिश्ता हमारे ग़मों से
न वो आ रहे हैं, न ये जा रहे हैं

शबे-ग़म ये 'आलोक' किसने सदा दी
तेरे दर्द की हम दवा ला रहे हैं

जून 2015

अना – अहं, सदा – आवाज़

50

भटका करूँगा कब तक राहों में तेरी आ कर
तुझको भुला सकूँ मैं, मेरे लिए दुआ कर

कब तक ये तेरी हसरत, कब तक ये मेरी वहशत
इन सारी बंदिशों से मुझको कभी रिहा कर

एक उम्र से तुझे मैं बेउज़्र पी रहा हूँ
तू भी तो प्यास मेरी, ऐ जाम, पी लिया कर

कल रात ज़िंदगी ये मुझसे तड़प के बोली
कुछ देर को तू होकर मेरा भी तो रहा कर

रिश्ते कई सुनहरे इस ज़िंदगी से पाये
रक्खा मगर न हमने उनको कभी बचा कर

दिल के खंडर से पंछी यादों के जा न पाये
देखा है हमने उनको कितनी ही बार उड़ाकर

वो क़ुर्ब हो कि दूरी, सब ख़्वाहिशें अधूरी
'आलोक' आ गए हैं दरिया में हम बहा कर

जून 2015

वहशत– दीवानापन, बेउज्र – बिना कारण,
क़ुर्ब – निकटता

51

सोचता हूँ कभी खुद से उसे बेज़ार करूँ
दूर जाकर फिर उसे अपना तलबगार करूँ

ज़िक्र छेड़ूँ मैं वफ़ा का कि जफ़ा का उसकी
उसको ठुकराऊँ कि जी भर के उसे प्यार करूँ

इंतिज़ार उसका करूँ ऐसे ख़बर हो न उसे
है जो ये जुर्म तो ये जुर्म मैं हर बार करूँ

सिर्फ मिलने पे ही आता है मेरा ध्यान उसे
किस तरह अपनी शिकायत का मैं इज़हार करूँ

बेरुख़ी आपकी सोने ही कहाँ देती है
नींद आ जाये तो ख़्वाबों में ही दीदार करूँ

धावा बोलेगा बहुत जल्द ख़िज़ाँ का लश्कर
शाख़ को नेज़ा करूँ फूल को तलवार करूँ

हमने जो सपनों का घर साथ बनाया 'आलोक'
उसको नीलाम मैं कैसे सरे बाजार करूँ

जून 2015

बेज़ार – विमुख, तलबगार-चाहनेवाला,
जफ़ा-अन्याय / सितम, ख़िज़ाँ – पतझड़, नेज़ा –भाला

52

ये सोचा नहीं मैं तो खुद मसअला हूँ
ज़माने की उलझन मिटाने चला हूँ

पराया सा लगता है तू साथ रहकर
तो इस साथ से मैं अकेला भला हूँ

रखें याद ये चाँदनी के पुजारी
अमावस में मैं ही दिये सा जला हूँ

ये आँसू, ये क्रंद्न, ये बेचैनियाँ सब
तुम्हीं ने दिए थे, तुम्हें दे चला हूँ

जो सिमटूँ तो बन जाऊं दिल का सुकूँ मैं
जो बिखरूँ तो तूफ़ान हूँ, ज़लज़ला हूँ

कहीं हूँ सहारा मैं टूटे दिलों का
कहीं मैं ही बलहीन का हौसला हूँ

हूँ 'आलोक' सच्चा खरा आदमी मैं
इसी वास्ते साहिबों को खला हूँ

अगस्त 2015

53

उसे जबसे पाया है, खोने का डर है
बड़ी ही कठिन प्यार की रहगुज़र है

गई व्यर्थ उसको हँसाने की कोशिश
ख़ुदा जाने क्यों वो उदास इस क़दर है

फ़ना जिसपे दिल हो, नहीं कोई ऐसा
सही लाख तुझसे, कहाँ तू मगर है

अजब मोड़ हैरत भरा आ गया ये
उधर है ख़ुदा, इस तरफ़ हमसफ़र है

कहे हैं मुझे लोग अब जाने क्या-क्या
ये यारों की सुहबत का 'आलोक' असर है

जून 2015

54

बहाने यूँ तो पहले से भी थे आँसू बहाने के
तरीक़े तुमने भी ढूँढ़े मगर हमको रुलाने के

तुम्हें ऐसी भी क्या बेचैनी थी दामन छुड़ाने की
कि पहले ढूँढ़ तो लेते बहाने कुछ ठिकाने के

मैं दिल की बात करता था तुम्हें दुनिया की चाहत थी
तो मुझको छोड़कर भी तुम न हो पाए ज़माने के

हमारे गीत और ग़ज़लों में तुमको ढूँढ़ते हैं सब
न करना फ़िक्र दुनिया को नहीं हम कुछ बताने के

यक़ीं है दिल को एक आवाज़ पर ही लौट आओगे
मगर 'आलोक' अब हरगिज़ नहीं तुमको बुलाने के

जून 2015

55

मेरी क़ुरबतों की ख़ातिर यूँ ही बेक़रार होता
जो मेरी तरह उसे भी कहीं मुझसे प्यार होता

न वो इस तरह बदलते, न निगाह फेर लेते
जो न बेबसी का मेरी उन्हें ऐतबार होता

वो कुछ ऐसे ढलता मुझमे कि ग़म उसके, मेरे होते
वो जो सोगवार होता तो मैं अश्कबार होता

मुझे चैन लेने देती कहाँ इंक़लाबी फ़ितरत
न मुसाहिबों में होता, न मैं शह का यार होता

मैं उसी के नाम करता ये हयात-मौत सब कुछ
मुझे ज़िंदगी पे 'आलोक' अगर इख़्तियार होता

जून 2015

क़ुरबतों – निकटता, सोगवार – दुखी, अश्कबार – रोनेवाला
मुसाहिबों – दरबारी, शह – बादशाह, हयात – ज़िंदगी,
इख़्तियार–अधिकार
प्रकाशित : उर्दू साप्ताहिक 'आलमी सहारा' दिनांक: 21.11.2015

56

चलते-चलते तू क्यों रुक गया है यहाँ
मेरे दिल तू किसे खोजता है यहाँ

प्रीतनगरी में आने से पहले ज़रा
सोच ले दर्द कुल देवता है यहाँ

वेदना मन्त्र है अश्रु का आचमन
सबके होंठों पे बस याचना है यहाँ

एक के वास्ते सब स्वजन छूटते
सोच का संकुचित दायरा है यहाँ

चाहिए था दिया देहरी को तेरी
मैंने लेकिन जिया रख दिया है यहाँ

चीख़ किसकी उभरती है प्राचीर से
किसको दीवार में चुन दिया है यहाँ

ऊँची अट्टालिकाएँ नहीं देखतीं
कौन सब कुछ लुटाए खड़ा है यहाँ

ज्ञान परिणाम का है सभी को मगर
है वो क्या जो हमें खींचता है यहाँ

यूँ तो कहने को 'आलोक' आज़ाद हैं
शेष पर मानसिक दासता है यहाँ

जुलाई 2015

प्रकाशित : दैनिक 'अमर उजाला' (शब्दिता) दिनांक : 04.10.2015

57

सुब्ह सवेरे अपने कमरे में जो देखा चाँद
आधा जागा, आधा सोया, आँखें मलता चाँद

बाँध सितारों का गजरा इतराता रहता चाँद
घर–आँगन में फिरता रहता बहका–बहका चाँद

तेरे रूप की उपमा मैं उसको दे तो देता
होता जो थोड़ा भी तेरे मुखड़े जैसा चाँद

कितने प्रेमी हर दिन झूठी शान की भेंट चढ़े
खापों–पंचों के निर्णय से सहमा सहमा चाँद

चंचल चितवन, मंद हास की किरणें बिखराता
मेरे घर, मेरे आँगन में मेरा अपना चाँद

आख़िरकार पुरुष ही ठहरा हरजाई आकाश,
अपने चाँद की तुलना करता देख के मेरा चाँद

साँझ ढली, पंछी लौटे, चल तू भी घर 'आलोक'
बैठ झरोखे कब से देखे तेरा रस्ता चाँद

जुलाई 2015

58

खुला है ज़ीस्त का एक ख़ुशनुमा वरक़ फिर से
हवा –ए–शौक़ ने की है यहाँ पे दक़ फिर से

पुकारता है मुझे कौन मेरे माज़ी से
कि आज रुख़ पे मेरे छा गई शफ़क़ फिर से

ख़फ़ा ख़फ़ा से हैं आख़िर जनाबे नासेह क्यों
किसी ने कर दिया क्या आज ज़िक्रे–हक़ फिर से

किसी से रूठ गए या किसी का दिल तोड़ा
जबीं पे आ गया क्यों आपकी अरक़ फिर से

मियाने–दिल कोई लेती है टीस अँगड़ाई
वही है रंज, वही ग़म, वही क़लक़ फिर से

न निकलो चाँदनी रातों में कितनी बार कहा
हुआ है चाँद के चेहरे का रंग फ़क़ फिर से

बस एक तज्रिबा काफ़ी है ज़िंदगी के लिए
पढ़ा न जाएगा हमसे वही सबक़ फिर से

यही निज़ामे-ज़माना यही तग़य्युर है
जो सहल है वही हो जाएगा अदक़ फिर से

कहीं क़रीब ही बादल बरसते हैं 'आलोक'
हवाएँ लाईं हैं ख़ुनकी की कुछ रमक़ फिर से

अगस्त 2015

ज़ीस्त – ज़िंदगी, वरक़ – पृष्ठ, दक़ – खटखटाना, माज़ी-अतीत, शफ़क़-क्षितिज पर सवेरे या शाम की लालिमा, नासेह – उपदेशक, ज़िक्रे-हक़-सत्य की चर्चा, जबीं – मस्तक, अरक़ – पसीना, मियाने-दिल-दिल के अन्दर, क़लक़ – बेचैनी, सहल – सरल, अदक़ – गूढ़, निज़ाम- क्रम/सिलसिला, तग़य्युर – परिवर्तन, ख़ुनकी- ठंडक, रमक़-थोड़ी सी जान
प्रकाशित : उर्दू साप्ताहिक 'आलमी सहारा' दिनांक: 21.11.2015

59

वो चाँद भी लो हँस पड़ा
धवल हुई निशा-निशा

हवा में घुल रही हँसी
हँसा गगन, हँसी धरा

खिले सुमन, खिला चमन
महक-महक उठी हवा

सुराहियाँ छलक उठीं
नयन जो हँस दिए ज़रा

हँसी तुम्हारी देख कर
बिहँस उठी दिशा-दिशा

पुकारता है कौन ये
इधर तो आ, इधर तो आ

वो पत्र अब भी पास है
मुड़ा - तुड़ा, कटा - फटा

भुला दिया है प्यार में
सुना - गुना, लिखा - पढ़ा

न फ़ासला था फ़ासला
वो जब हमारे साथ था

अगस्त 2015

60

वो काशी को क्योटो बनाएंगे कैसे
स्वभावों का अन्तर मिटाएंगे कैसे

जहाँ के निवासी हों तम के उपासक
दिये उस जगह वो जलाएंगे कैसे

जड़ें चाहतीं हैं ठहरने को मिट्टी
हथेली पे सरसों उगाएंगे कैसे

हो विधि–भंजना जिनकी आदत में शामिल
सदाचार उनको सिखाएंगे कैसे

अगर आँख वाले भी मूँदे हों आँखें
उन्हें आप दर्पण दिखाएंगे कैसे

जो फूलों की रक्षा का दायित्व लेंगे
वो काँटों से दामन बचाएंगे कैसे

ग़ज़ल का हुनर जो न 'आलोक' सीखा
तो गागर में सागर समाएंगे कैसे

अगस्त 2015

61

पढ़ रहा हूँ वेदना का व्याकरण मैं
हूँ समर में आज भी हर एक क्षण मैं

सभ्यता के नाम पर ओढ़े गए जो
नोच फेंकूँ वो मुखौटे, आवरण मैं

रच रहा हूँ आज मैं कोई ग़ज़ल फिर
खोल बाँहें कर रहा हूँ दुःख ग्रहण मैं

ये निरंतर रतजगे, चिंतन, ये लेखन
कर रहा हूँ अपनी ही वय का क्षरण मैं

पीछे–पीछे अनगिनत हिंसक शिकारी
प्राण लेकर भागता सहमा हिरण मैं

शक्ति का हूँ पुंज, एटम बम सरीखा
देखने में लग रहा हूँ एक कण मैं

है मेरी पहचान, है अस्तित्व मेरा
कर नहीं सकता किसी का परिक्रमण मैं

ब्रह्म का वरदान हूँ, नूरे-ख़ुदा हूँ
व्योम का हूँ तत्त्व, धरती का लवण[1] मैं

क्या जटायू से भी हूँ 'आलोक' निर्बल
देखता हूँ मौन रह सीता हरण मैं

अगस्त 2015

1. ईसा मसीह ने अपने अनुयायियों को धरती का नमक कहा है।

प्रकाशित: दैनिक जागरण (सप्तरंग साहित्यिक पुनर्नवा) 2 नवम्बर 2015

62

आँखों की बारिशों से मेरा वास्ता पड़ा
जब भीगने लगा तो मुझे लौटना पड़ा

क्यों मैं दिशा बदल न सका अपनी राह की
क्यों मेरे रास्ते में तेरा रास्ता पड़ा

दिल का छुपाऊँ दर्द कि तुझको सुनाऊँ मैं
ये प्रश्न एक बोझ सा सीने पे आ पड़ा

खाई तो थी क़सम कि न आऊँगा फिर कभी
लेकिन तेरी सदा पे मुझे लौटना पड़ा

किस–किस तरह से याद तुम्हारी सताए है
दिल जब मचल उठा तो मुझे सोचना पड़ा

वाइज़ सफ़र तो मेरा भी था रूह की तरफ़
पर क्या करूँ कि राह में ये जिस्म आ पड़ा

अच्छा हुआ कि छलका नही उसके सामने
'आलोक' था जो नीर नयन में भरा पड़ा

अगस्त 2015

63

हालात की तस्वीर बदल जाए तो अच्छा
हाकिम जो मेरा ख़ुद ही सँभल जाए तो अच्छा

ये उसका अहं प्यार में ढल जाए तो अच्छा
रस्सी तो जली बल भी निकल जाए तो अच्छा

भड़के अभी कुछ और यूँ ही क्रांति की ज्वाला
कुछ देर अभी फ़ैसला टल जाए तो अच्छा

आँधी में जो इक दीप जलाया है किसी ने
बेकार न ये उसकी पहल जाए तो अच्छा

फट जाएँ न संताप से ये तन की शिराएँ
आँखों से लहू बन के निकल जाए तो अच्छा

अन्याय ने भर दी है बहुत आग दिलों में
लंका ही कहीं इसमें जो जल जाए तो अच्छा

तारीख़ पे तारीख़ बदल दे न गवाही
मुंसिफ़ ही अदालत का बदल जाए तो अच्छा

खुल जाएगा सब इसके हर इक शे'र में क्या है
लोगों में न ये मेरी ग़ज़ल जाए तो अच्छा

सम्बन्ध निभाने को है संवाद ज़रूरी
'आलोक' अगर बर्फ़ पिघल जाए तो अच्छा

सितम्बर 2015

64

हर तरफ़ उसकी हवा हो जैसे
अपनी दुनिया का ख़ुदा हो जैसे

उसकी ख़ामोशी से क्यों लगता है
उसने कुछ मुझसे कहा हो जैसे

वो नदी पार उतरता सूरज
डूबते दिन की सदा हो जैसे

ख़ुश ख़रीदार बहुत लगता है
कोई बेमोल बिका हो जैसे

अब भी सोफ़े में है गर्मी बाक़ी
वो अभी उठ के गया हो जैसे

लड़खड़ाती सी चली आती है
धूप भी आबला पा हो जैसे

अजनबी मैं हूँ मगर लगता है
शहर में तू भी नया हो जैसे

तल्ख़ियाँ लहजे में उसके देखो
सारी दुनिया से ख़फ़ा हो जैसे

आदमी है तो वही बन के रहे
यूँ करे है कि ख़ुदा हो जैसे

ऐसे अन्दाज़ से करता है सवाल
बाप से अपने बड़ा हो जैसे

यूँ निभाता हूँ मैं रिश्ते 'आलोक'
बेगुनाही की सज़ा हो जैसे

सितम्बर 2015

65

दिल में जो कुछ मलाल रखते हैं
लब पे वो कुछ सवाल रखते हैं

जो हैं ख़ुद्दार वो हैं ख़ाली हाथ
जो है पाबोस माल रखते हैं

नौजवानों से मत करो तकरार
ये लहू में उबाल रखते हैं

मालो-ज़र हो कि इज़्ज़तो-शोहरत
सब उरूजो-ज़वाल रखते हैं

नेक औलाद इसलिए पाई
हम कमाई हलाल रखते हैं

सच तो शायद कभी न हों लेकिन
हम को वादे निहाल रखते हैं

सूर, तुलसी, कबीर और मीरा
कब ये अपनी मिसाल रखते हैं

और 'आलोक' अपने पास है क्या
इक दिले-पायमाल रखते हैं

अक्टूबर 2015

पाबोस-पैर चूमने वाला / चाटुकार, उरूजो-ज़वाल -उत्थान-पतन, पायमाल-पद्दलित

66

वो जो हुस्नो-जमाल रखते हैं
इश्क़ हम बेमिसाल रखते हैं

हम हैं क्या और क्या हमारी बिसात
पर उम्मीदे-विसाल रखते हैं

आरज़ू में मिलन की हम खुद को
मुंतज़िर सालो साल रखते हैं

छवि दिखाते हैं पर नक़ाब के साथ
वो हिजाबी हिलाल रखते हैं

मीर, ग़ालिब, वली कि हों सौदा
ख़ूबसूरत ख़याल रखते हैं

इश्क़ में ठोकरें मिलीं जबसे
हर क़दम का ख़याल रखते हैं

सूनी–सूनी सहर के ग़म 'आलोक'
शाम को भी निढाल रखते हैं

अक्टूबर 2015

विसाल – मिलन, मुंतज़िर – प्रतीक्षारत, हिजाबी–परदे में,
हिलाल–नया चाँद, सहर–प्रातः

67

ऐसे सिस्टम की अहमियत क्या है ?
इसमें इन्साँ की हैसियत क्या है ?

नौकरी जब मिले सिफ़ारिश पर
कौन पूछे सलाहियत क्या है ?

आँकड़े छोड़ साफ़ साफ़ बता
मुल्क की मेरे कैफ़ियत क्या है ?

बात करना है बस अलामत में
और शे'री जदीदियत क्या है ?

क्या तरक़्क़ी इसी को कहते हैं
इश्तिहारों की असलियत क्या है ?

डिग्रियाँ बेचते इदारों को
फ़िक्र क्यों हो कि इल्मियत क्या है ?

दाद जब मिल रही हो शे'रों पर
कौन सोचे कि शेरियत क्या है ?

फूल से जिस्म, बोझ बस्तों का
क्या है तालीम, तरबियत क्या है ?

रात-दिन बस उसी का ध्यान 'आलोक'
है मुहब्बत कि उन्सियत, क्या है ?

नवम्बर 2015

सलाहियत – योग्यता, कैफ़ियत – हालत, शेरियत – काव्य-कला,
अलामत – प्रतीक, जदीदियत – नवीनता, उन्सियत-लगाव, इदारों – संस्थानों,
इल्मियत-ज्ञान, तरबियत – प्रशिक्षण

68

बिन बात अगर रूठ वो जाएँ तो करूँ क्या ?
और वजह भी कोई न बताएँ तो करूँ क्या ?

सब देखने वालों की निगाहों में जलन है
वो मुझसे जो नज़रें न हटाएँ तो करूँ क्या ?

क्यों ग़ैरों के आगे मैं कभी हाथ पसारूँ
और यार भी एहसान जताएँ तो करूँ क्या ?

होगा यही बढ़ जाएगी एक और शिकायत
वादा भी करें और न आएँ तो करूँ क्या ?

मुस्कान पे मैं जिनकी हूँ 'आलोक' फ़िदा वो
हर बात मेरी हँस के उड़ाएँ तो करूँ क्या ?

दिसम्बर 2015

69

कब हम आप पराए हैं
एक ही माँ के जाए हैं

यहाँ - वहाँ सब धूप का राज
गिनती के कुछ साए हैं

भीनी - भीनी ख़ुशबू है
आम अभी गदराए हैं

कलियों को खिलने तो दें
भौंरे क्यों बौराये हैं

सच कोई बोला होगा
लोग बहुत भन्नाए हैं

हमने कुछ कड़वे अनुभव
मुश्किल से बिसराए हैं

प्रश्न तेरे सुलझाने में
सूत्र सभी उलझाए हैं

आने वाला कोई नहीं
बैरी काग सताए हैं

एक ग़ज़ल कह के 'आलोक'
हम कितना इतराए हैं

दिसम्बर 2015

70

मुहब्बत है अधूरी और ये रंजिश अधूरी है
तभी तो ज़र्रे-ज़र्रे की हर एक साज़िश अधूरी है

हमारे पाँव हैं छोटे, तुम्हारी चाल है मद्धम
मिटेंगी दूरियाँ कैसे कहीं कोशिश अधूरी है

अभी दीवारो-दर से दिल के, वीरानी नहीं झलकी
ग़मों के वास्ते इस घर में आसाइश अधूरी है

अभी से थक गए हो क्यूँ, अभी हारा नहीं हूँ मैं
सितम में और इज़ाफ़ा हो अभी सोज़िश अधूरी है

ज़माना 'ब्रांडिंग' का है, ज़रा सँवरो, अदा सीखो
बग़ैर इन्सानियत के फिर भी आराइश अधूरी है

वो जीता मोरचे बाहर, मगर हारा है घर में ही
खुशी भी छिन गई, चेहरे की भी ताबिश अधूरी है

मेरे लब सी दिए उसने क़लम है फिर भी हाथों में
ये हाकिम से कहो जाकर, तेरी बंदिश अधूरी है

हदे-इमकान से आगे मैं जाना चाहता हूँ पर
अभी ईमान आधा है, अभी लग़्ज़िश अधूरी है

धड़कता है, मचलता है, बहुत 'आलोक' दिल तेरा
बता, ऐ यार! तेरी कौन-सी ख़्वाहिश अधूरी है

दिसम्बर 2015

आसाइश-सुविधा, सोज़िश-जलन, आराइश-सज्जा, ताबिश - चमक,
इमकान - सम्भावना, लग़्ज़िश - फिसलन/ विचलन,

71

हरेक ज़ेहन में सारा हिसाब रहता है
सवाल सुनने से पहले जवाब रहता है

वो एक मोड़ जहाँ एक दिन लुटा था मैं
वहीं मेरा दिले-ख़ाना ख़राब रहता है

हवा के दम पे है जब ज़िंदगी का दारोमदार
तो क्यों ग़ुरूर तुझे, ऐ हुबाब, रहता है

चलेगी चाल कोई गर्दिशे-फ़लक शायद
कई दिनों से बड़ा इज़्तिराब रहता है

वो झोली कैसे भरे प्यार करने वालों की
इसी फ़िराक़ में टूटा शिहाब रहता है

मेरे लिए हैं मुसीबत ये आईनाख़ाने
यहाँ ज़मीर मेरा बेनक़ाब रहता हैं

हसीन ख़्वाब हों कितने ही पर कोई 'आलोक'
तमाम उम्र कहाँ महवे-ख़्वाब रहता है

दिसम्बर 2015

ख़ाना ख़राब-बदनसीब, हुबाब-बुलबुला, इज़्तिराब-बेचैनी, शिहाब-तारा, आईनाख़ाने-शीशों का घर, महव-तल्लीन

72

नयी नस्लों के हाथों में भी ताबिंदा रहेगा
मैं मिल जाऊंगा मिट्टी में क़लम ज़िंदा रहेगा

किसी की याद आएगी मुझे दश्ते-जुनूँ में
किसी का नाम कुहसारों पे पाइंदा रहेगा

ग़ज़ल कोई लिखे कैसे लबो-रुख़सार पे अब
समय से अपने कब तक कोई शर्मिंदा रहेगा

बना कर पाँव की बेड़ी को घुँघरू ज़िंदगानी
करेगी रक़्स जब तक दर्द साज़िंदा रहेगा

सुनो 'आलोक' इक बुत में बसी है जान कवि की
सो वो महफ़ूज़ है जब तक तो ये ज़िंदा रहेगा

दिसंबर 2015

ताबिन्दा-रौशन, कुहसारों-पर्वतों, पाइंदा-स्थायी,
रक़्स- नृत्य, साज़िन्दा-साज़ बजाने वाला

73

कोई ख़्वाब झूठा दिखाया न होता
हमें इस तरह आज़माया न होता

है सारा ज़माना हमारा मुख़ालिफ़
तुम्हें काश, अपना बनाया न होता

मज़ा ज़िंदगी का न आता जो तुमने
हँसाया न होता, रुलाया न होता

न होती ये दुनियाँ न होता ये इन्साँ
कहा तूने 'कुन' जो ख़ुदाया न होता

न होता अगर इश्क़ 'आलोक' सच्चा
तो सागर में दरिया समाया न होता

दिसम्बर 2015

मुख़ालिफ़ – विरोधी, कुन – हो जा

74

वो प्यास अपनी बढ़ाना चाहता है
लबे-दरिया फिर आना चाहता है

जो तुम भी चाहते हो तो अजब क्या
उसे सारा ज़माना चाहता है

ख़िज़ाँ कुछ देर को मुँह फेर ले तू
वो दम भर मुस्कुराना चाहता है

ग़ज़ल जिसके तसव्वुर में लिखी है
उसी को वो सुनाना चाहता है

अभी कम हैं तसादुम क्या कि 'आलोक'
नया मज़हब बनाना चाहता है

दिसम्बर 2015

तसादुम – झगड़े